Henry Schröder

Untersuchungen über silurische Cephalopoden

Henry Schröder

Untersuchungen über silurische Cephalopoden

ISBN/EAN: 9783743337800

Hergestellt in Europa, USA, Kanada, Australien, Japan

Cover: Foto ©ninafisch / pixelio.de

Manufactured and distributed by brebook publishing software (www.brebook.com)

Henry Schröder

Untersuchungen über silurische Cephalopoden

Untersuchungen über silurische Cephalopoden.

Von
HENRY SCHRÖDER
in Berlin.

Bei einem Vergleich des heutigen Systems der Ammonitiden und der Nautiliden fällt die Grundverschiedenheit der Principien, nach welchen diese beiden Cephalopoden-Gruppen gegliedert werden, ausserordentlich auf: dort die Spaltung einer in Bezug auf ihre Einrollung einheitlichen Gruppe in zahlreiche Familien und Gattungen nach den Verschiedenheiten in der Gestalt der Mündung, Länge der Wohnkammer, Bau der Schale u. s. w., wobei die evoluten Formen eigentlich nur anhangsweise betrachtet werden, — hier die Zusammenwürfelung von Formen, welche nach derartigen Principien vollständig heterogen sind, und die Unterscheidung der Gattungen nach der Art der Aufrollung. Erklärlich wird dieser Gegensatz dadurch, dass die fossilen Nautiliden eine geringere Mannigfaltigkeit in der Variation obiger Merkmale und einen unvergleichlich grösseren Reichthum an evoluten Formen aufweisen, die ja im Palaeozoicum geradezu als die normalen erscheinen. Trotzdem muss die bei den Ammonitiden gewonnene Erkenntniss, dass Formen mit gleicher Art der Evolution ihren Ursprung aus ganz verschiedenen involuten Formen genommen haben, zu dem berechtigten Zweifel führen, ob das bisher bei den Nautiliden angewandte Classificationsprincip geeignet ist, unser Streben nach einem natürlichen System, das sein Endziel in der Aufstellung von phylogenetischen Reihen sucht, zu unterstützen. Werden nun gar Formen, wie z. B. *Lituites, Discoceras, Ophidioceras*, die sich betreffs der Aufrollung ausserordentlich gleichen, in allen anderen wesentlichen Punkten aber differiren, in eine Gruppe zusammengeordnet, und beobachtet man ausserdem, dass derartige, im Alter evolut werdende Formen bereits in ihrem involuten Jugendstadium scharf unterschieden sind, so muss das bisherige Classificationsprincip veraltet erscheinen und aufgegeben werden.

Einen Versuch, den neueren, bei den Ammonitiden längst herrschenden Anschauungen auch im System der Nautiliden Rechnung zu tragen, hat HYATT im Jahre 1883 gemacht. Jedoch ist derselbe im Ganzen wenig glücklich ausgefallen; in der Gruppe der sogenannten Lituiten ist er sogar als misslungen zu betrachten, wie aus dem Folgenden zur Genüge hervorgehen wird. Zur Ausfüllung dieser Lücke einen Beitrag zu liefern, ist der Zweck der vorliegenden Abhandlung, nachdem ich bereits im Jahre 1882 zugleich mit F. NÖTLING eine Revision der betreffenden Cephalopoden-Gruppe in obigem Sinne als nothwendig erkannt hatte. Die damals von uns Beiden vertretenen Anschauungen kommen im Folgenden in erweitertem Maasse zur Durchführung.

Unter Berücksichtigung und gegenseitiger Abwägung aller Merkmale habe ich mich bemüht, die verwandtschaftlichen Beziehungen zunächst der einzelnen Species und dann der Gattungen klar zu legen, wobei es sich allerdings herausgestellt hat, dass einzelne Merkmale, wie die Gestalt der Mündung und die dadurch bedingte Schalensculptur, classificatorisch von grösserem Werth sind als andere, z. B. der Querschnitt und die Art der Aufrollung.

Das Ergebniss meiner Untersuchungen schicke ich, um den Leser für das Folgende besser zu orientiren, hier voraus mit der Bemerkung, dass ich bei der Familie der *Lituitidae* nur auf eine Besprechung der Gattungen eingehe.

Familie: *Trocholitidae* nov. fam.
Gattung: *Trocholites* CONRAD.
  Trocholites macrostoma SCHRÖDER.
  Trocholites orbis n. sp.
  Trocholites macromphalus n. sp.
  Trocholites depressus ESCHWALD sp.
  Trocholites incongruus ESCHWALD sp.
  Trocholites soraviensis n. sp.
  Trocholites hospes REMELÉ.
  Trocholites Remelèi n. sp.
  Trocholites contractus n. sp.
  Trocholites Damesi n. sp.
Gattung: *Eurystomites* nov. gen.
  Eurystomites Kelloggi WHITFIELD sp.
  Eurystomites Champlainensis WHITFIELD sp.
Gattung: *Discoceras* BARRANDE.
  Discoceras Eatoni WHITFIELD sp.
  Discoceras internastriatum WHITFIELD sp.
  Discoceras teres ESCHWALD sp.
  Discoceras Bandonis REMELÉ.
  Discoceras Danckelmanni REMELÉ.
  Discoceras antiquissimum ESCHWALD sp.
Gattung: *Estonioceras* NÖTLING.
  Estonioceras perforatum n. sp.
  Estonioceras lamellosum HISINGER sp.
  Estonioceras heros REMELÉ sp.
  Estonioceras ariense SCHMIDT sp.
  Estonioceras imperfectum QUENSTEDT sp.
  Estonioceras Müllaueri DEWITZ sp.
  Estonioceras Decheni REMELÉ sp.
  Estonioceras Farnsworthi BILLINGS sp.
  Untergattung: *Planctoceras* nov. subgen.
    Planctoceras falcatum SCHLOTHEIM sp.
Familie: *Lituitidae* NÖTLING.
Gattung: *Lituites* BREYN.
  Untergattung: *Ancistroceras* BOLL.
? Gattung: *Cyclolituites* REMELÉ.

Der grösste Theil des mir vorliegenden Materials (namentlich von *Estonioceras lamellosum* und *Planctoceras falcatum*) wird durch eine Sammlung von Cephalopoden des estländischen Vaginatenkalkes repräsentirt, zum Theil dem Museum zu Reval, zum Theil dem Universitäts-Museum in Königsberg i. Pr. gehörig. Dieselbe wurde von Dr. F. NÖTLING zur Bearbeitung zusammengestellt und ist nach dessen Uebersiedelung nach Calcutta durch Herrn Professor Dr. DAMES mir übergeben worden. Ein anderer Theil gehört dem Ostpreussischen Provinzial-Museum zu Königsberg i. Pr., der geologisch-paläontologischen Sammlung des Kgl. Museums für Naturkunde und der geologischen Landesanstalt zu Berlin. Aus dem geologischen Reichsmuseum zu Stockholm erhielt ich ferner einige Originale zu ANGELIN's Fragmenta silurica. Den Leitern der genannten Museen, Herrn Geheimrath Professor Dr. BEYRICH, Professor Dr. BRANCO, Geheimrath Dr. HAUCHECORNE, Professor Dr. JENTZSCH, Professor Dr. LINDSTRÖM, Akademiker FR. SCHMIDT, sowie Herrn Professor Dr. DAMES erlaube ich mir meinen ergebensten Dank auszudrücken.

Betreffs der mir von Herrn Akademiker FR. SCHMIDT gütigst übersandten Originale der 3 ESCHWALD'schen *Trocholites*-Arten bemerke ich, dass sich 2 derselben, nämlich die als *Clymenia depressa* und *incongrua* bezeichneten, mit einiger Mühe auf die in der Lethaea Rossica gegebene Beschreibung und Abbildung beziehen lassen, dass jedoch das dritte, *Clymenia Odini*, auf beides nicht passt, weshalb ich vorschlage, diese Speciesbezeichnung zu streichen.

Trocholitidae nov. fam.

Schale symmetrisch, ganz oder nur theilweise spiral aufgerollt. Mündung erweitert oder nicht, mit Ventralausschnitt. Anwachsstreifen einfach, auf den Seitentheilen schwach bogig, auf der Aussenseite einen Sinus bildend.

Trocholites Conrad 1838.
(= *Palaeonautilus* Remelé, = ? *Palaeodymenia* Remelé.)

Schale symmetrisch zu einer Spirale aufgerollt. Wohnkammer vollständig der Spirale angeschlossen, ca. $3/4$ Windung einnehmend. Querschnitt stets breiter als hoch. Mündung erweitert mit Ventralausschnitt. Suturlinie einfach oder wenig gebuchtet. Sipho dorsal[1]) oder subdorsal.

Mittlere Abtheilung des Unter-Silur.

Von Conrad, dem Begründer der Gattung *Trocholites*, existiren zwei Diagnosen[2]), welche an Genauigkeit viel zu wünschen übrig lassen. Da dieselben von Remelé[3]) mitgetheilt sind, unterlasse ich es, sie noch einmal hierherzusetzen. Doch sei es gestattet, *Trocholites ammonius*, den Typus der Gattung nach Hall[4]), näher zu betrachten.

Die Schale ist in geschlossener Spirale mit sehr allmählicher Wachsthumszunahme der Windungen aufgerollt, so dass der Nabel äusserst weit und flach erscheint, ausserdem die Rückenseite bei dieser Art noch sehr wenig ausgehöhlt ist und die Windungen wenig übereinander greifen. Die Breite der Windungen ist fast doppelt so gross als die Höhe; Bauch- und Seitentheile sind gerundet. Die Entfernung der Nahtlinien, über die Bauchseite gemessen, beträgt ca. $1/4$ der grössten Breite. Dieselben sind auf den Seitenflächen etwas nach hinten eingebogen und treten auf der Bauchseite gegen die Mündung vor, wie es besonders die inneren Windungen zeigen. Der Sipho durchbricht die Kammerwände zwischen Centrum und Rücken, liegt also nicht vollständig dorsal. Ueber die Wohnkammer bemerkt Hall nur, dass sie sehr gross sei, giebt aber an, dass der Mündungsrand sich schwach erweitert. Die Schalenoberfläche zeigt unregelmässige, lamellöse Anwachsstreifen, zwischen und über welche feine Querstreifen verlaufen, die etwas wellig werden und dem Ganzen ein gewebe- oder netzartiges Aussehen verleihen.

Trocholites ammonius Conrad ist eine gut charakterisirte Art. Anders scheint es sich mit der zweiten von Conrad aufgestellten Art, *Trocholites planorbiformis*, zu verhalten, da die Beschreibung nicht genügt und das von Hall als *Trocholites planorbiformis* bestimmte Fossil nach Remelé (l. c. pag. 9) möglicherweise eine von der Conrad'schen Art ganz abweichende Form ist.

Die Remelé'sche Kritik an den von Conrad bei der Beschreibung seines *Trocholites planorbiformis* angewandten Ausdrücken „volutions higher than wide" und „aperture much longer than wide", nach welcher *Trocholites planorbiformis* Conrad einen anderen Querschnitt als *Trocholites ammonius* Conrad besitzen würde, wäre zutreffend, wenn Conrad nicht einige Zeilen vorher bei seiner zweiten Diagnose des Genus *Trocholites*, der er sofort die Diagnose der Art *planorbiformis* beifügt, gesagt hätte: „the aperture being of a lunate

---

[1]) Hier wie im Folgenden ist dorsal gleichbedeutend mit intern, ventral mit extern.
[2]) Annual geological Reports of New-York. 1838. pag. 118; Journal of the Academy of Natural Sciences of Philadelphia. VIII. 1842. pag. 274.
[3]) Zeitschrift der deutschen geol. Gesellschaft. Bd. 33. 1881. pag. 13.
[4]) Palaeontology of New-York I. pag. 192. t. 40 A. f. 4a—k; pag. 309. t. 64. f. 2a—c.

outline". Da es wohl kaum möglich ist, dass er unter „lunate" einen Querschnitt verstanden hat, der höher als breit war, so bedarf es der Untersuchung der Originale, um die Frage zu entscheiden. Ausserdem scheint es beachtenswerth, dass HALL über seinen *Trocholites planorbiformis* die Bemerkung macht: „The character of the shell is much like that of *Trocholites ammonius*, and I have been disposed to regard it as a variety of the same." Da HALL das gut erhaltene Originalexemplar des *Trocholites planorbiformis* CONRAD, wie er selbst (l. c. pag. 310, Anm. zu t. 84, f. 3a) bemerkt, untersucht hat und ebenfalls gut erhaltene Exemplare von *Trocholites ammonius* CONRAD besass, so ist es kaum denkbar, dass er den so bedeutenden Unterschied der Querschnitte, wenn ein solcher, wie REMELE vermuthet, wirklich existirte, übersehen und *Trocholites planorbiformis* eventuell nur für eine Varietät von *Trocholites ammonius* erklärt haben könnte.

Ich habe mich deshalb nicht überzeugen können, dass *Trocholites planorbiformis* CONRAD wirklich einen Querschnitt besitzt, der sich durch seine im Verhältniss zur Breite grössere Höhe auszeichnet, und schliesse, da über diesen Punkt Gewissheit nicht zu erlangen ist, *Trocholites planorbiformis*, auf welche REMELE sein Subgenus *Palaeoclymenia* gegründet hat, von der Discussion aus.

Der Gattungsname *Trocholites* taucht noch sehr häufig in der Literatur der Mitte dieses Jahrhunderts auf, jedoch ohne dass die Untersuchungen CONRAD's und HALL's in zweckmässiger Weise für die Systematik verwerthet worden wären. D'ORBIGNY, VERNEUIL, M'COY, PICTET, FR. SCHMIDT, F. RÖMER, C. LOSSEN, BIGSBY, NICHOLSON u. A. haben theils sogenannte imperfecte Lituiten, theils echte Clymenien hierhergerechnet. Von letzteren glaubte man, diejenigen zu *Trocholites* ziehen zu müssen, die sich durch flache Ausbildung des Ventral- und Laterallobus auszeichnen.

EICHWALD[1]) nahm *Trocholites* unter *Clymenia* auf und beschrieb drei Arten, die schon durch ihren Querschnitt von allen bekannten Clymenien abweichen. Die Originale von zweien habe ich untersucht, neu abgebildet und unten beschrieben. Bei der dritten, *Clymenia Odini*, habe ich keine Uebereinstimmung zwischen dem Original und der EICHWALD'schen Abbildung und Beschreibung herausfinden können und deshalb vorgeschlagen, diesen Namen zu streichen.

BARRANDE[2]) vereinigte *Trocholites* mit *Nautilus*. 1880 beschrieb REMELE[3]) aus einem norddeutschen Silurgeschiebe ein sehr eigenthümliches Fossil, das er mit dem Namen *Palaeonautilus hospes* nov. gen. n. sp. belegte. Seine Zusammengehörigkeit mit den drei EICHWALD'schen Clymenien *Odini*, **depressa**, *incongrua* führte ihn zu einer Diagnose, in der er das Hauptgewicht auf den breiten Querschnitt, die Involubilität und die Lage des Sipho legte. Er gab seinem neuen Genus eine Stellung zwischen *Clymenia* und *Nautilus* „mit einigen Anklängen an imperfecte Lituiten".

In demselben Jahre erneuerte G. LINDSTRÖM[4]) das Genus *Trocholites* und wies auf die alten Diagnosen CONRAD's hin. Er sagt: „Auctores europaei, ut EICHWALD et BRONN, has cochleas inter Clymenias numeraverunt, situ siphonis et latitudine dissepimentorum adducti. Suturae tamen multo simpliciores opinionem talem negant. Mihi igitur melius visum genus *Trocholites*, quod CONRAD l. c. primus optime descripsit, accipere. Apertura dilatata, situs et conformatio siphonis, sculptura externa testae satis demonstrant, hanc cochleam nullo modo generi Nautilearum esse adnumerandam, ut proposuit J. BARRANDE, sed re vera genus proprium formare, forsitan Clymeniis affine." Hier wird also dem erweiterten Mündungsrand, der bisher noch nicht als Unterscheidungsmerkmal benutzt war, Wichtigkeit beigelegt.

1881 erkannte REMELE die nahen Beziehungen seines Genus *Palaeonautilus* zu *Trocholites* CONRAD. Er vertheilt die hierher gehörigen Formen folgendermaassen:

---

1) Lethaea rossica I. 2. pag. 1300.
2) Système silurien du centre de la Bohême. II. 1867. pag. 142.
3) Festschrift für die 50jährige Jubelfeier der Forstakademie Eberswalde. 1880. pag. 246.
4) ANGELIN-LINDSTRÖM, Fragmenta silurica. pag. 10.

Genus *Trocholites* Conrad 1838. s. str.

„Nicht involut, jedoch im Querschnitt der Röhre namhaft breiter als hoch. Kammerwandnähte im inneren Theil des Gewindes auf den Seitenflächen nach hinten eingebogen und auf dem Rücken gegen die Mündung erhoben. Schale mit verschieden starken, blättrigen Anwachsstreifen."

Tr. ammonius Conrad.

Subgenus *Palaeoclymenia* Remelé = *Trocholites* Conrad 1842.

„Windungen übergreifend und somit einen Nabel bildend, jedoch höher als breit. Schale gleichzeitig mit starken Spiralstreifen und schräg darüber weg laufenden Anwachsstreifen versehen."

P. planorbiformis Conrad.

Subgenus *Palaeonautilus* Remelé.

„Involut und mit einem meist tiefen Nabel; Umgänge weitaus breiter als hoch (bis zum Doppelten der Höhe oder noch mehr). Kammerwandnähte auf den Seiten nach vorn, auf dem Rücken nach hinten mehr oder weniger flach eingebogen. Oberfläche mit gedrängt stehenden, regelmässigen Querstreifen und meistens noch mit gleichverlaufenden Ringwellen."

Palaeonautilus planorbiformis Hall. (non Conrad), *hibernicus* Salter, *Odini* Eichwald, *depressus* Eichwald, *incongruus* Eichwald, *hospes* Remelé.

Wie bereits oben bemerkt, kann man über die Gestalt des Querschnittes von *Trocholites planorbiformis* Conrad aus den Beschreibungen Conrad's und Hall's nicht Gewissheit erhalten. Ebenso verhält es sich mit dem zweiten Merkmal, den Spiralstreifen, welche für *Palaeoclymenia* eigenthümlich sein sollen. Die kurze Beschreibung und jedenfalls stark schematisirte Figur Conrad's lassen uns über die Natur derselben vollständig im Zweifel. Man könnte an die Spirallinien der Runzelschicht auf dem letzten Umgang mancher Ammonitengattungen (*Amaltheus*, *Arietites*) denken; ebenso aber auch an eine durch gleichmässige Undulirung der Anwachs-Querstreifen entstandene Spiralstreifung, wie sie Hall bei seinem *planorbiformis* abbildet (t. 84, f. 3 d) und wie sie auch bei *Trocholites ammonius* und *Damesi* nicht fehlt. Die Berechtigung einer Untergattung *Palaeoclymenia* scheint mir daher mehr als zweifelhaft.

Die Untergattung *Palaeonautilus* ist ursprünglich als Gattung, ohne Berücksichtigung der bereits vorhandenen Gattung *Trocholites*, auf die Species *hospes* gegründet. Da diese in mancher Beziehung das Extrem der in dem Formenkreise herrschenden Merkmale repräsentirt und die übrigen hierher gehörigen Arten nur aus z. Th. ganz unzureichenden Beschreibungen und Abbildungen bekannt waren, so ist es erklärlich, dass Remelé *Palaeonautilus* später als Untergattung beibehalten wollte. Unsere erweiterte Kenntniss gestattet dies jedoch nicht, da die Merkmale der Gattung *Trocholites* entweder nach den Species derartig variiren, dass sie keine Gruppirung zulassen oder, wenn sie eine solche gestatten, die Bedeutung dieser Merkmale so gering ist, dass sie selbst für die Abweigung eines Subgenus ungenügend erscheinen; durch eine Gruppirung nach so unbedeutenden Merkmalen würden Formen, die nach allen anderen Kennzeichen zu einander gehören, zu sehr getrennt werden.

Betreffs der Involution und der Tiefe des Nabels sind alle Uebergänge zwischen den beiden Extremen *Trocholites macrostoma*, der dem amerikanischen *ammonius*[1]) in dieser Beziehung gleicht, einerseits und *Trocholites contractus* andererseits vorhanden. — Das Verhältniss der Höhe zur Breite der Windungen schwankt bei den verschiedenen Arten von der flachen Halbmondform des *Trocholites contractus* und *hospes* bis zu der nahezu gerundet-dreiseitigen des *Trocholites orbis*, ja es findet sich sogar ein individuelles Schwanken dieses Verhältnisses je nach dem Alter der Windungen. — Die Sattel- und Lobenbildung der Nahtlinien ist im Ganzen wenig bezeichnend. Die Arten *ammonius*, *macrostoma*, *depressus* haben deutliche Ventralsättel, *hospes*, *contractus*, *soraviensis* Ventralloben, jedoch hat auch hier eine Variation nach dem Alter statt. — Wegen der fein-

---

1) Remelé (Zeitschrift der deutschen geol. Gesellschaft. Bd. 33. 1881. pag. 13) sagt in der Diagnose seines *Trocholites* s. str. direct „Nicht involut". Jedoch ist nach Hall's eigener Angabe auch bei *Trocholites ammonius* die Rückenseite etwas ausgeschnitten. Ein gewisser, wenn auch geringer Grad der Involution ist also vorhanden.

lamellösen Anwachsstreifen *Trocholites ammonius*, *planorbiformis* und *Damesi* etwa eine Ausnahmestellung einzuräumen, erscheint unzulässig, wenn man erwägt, dass eigentlich alle, auch die feinsten Anwachsstreifen lamellös sind und dadurch entstehen, dass sich eine Lamelle der äusseren Schalschicht unter der nächst älteren hervorschiebt und mit ihr verkittet.

Aus diesen Gründen ergiebt sich, dass das REMELÉ'sche Subgenus *Palaeonautilus* unter die Synonyma von *Trocholites* fällt.

Zu einem fast gleichen Resultat kam ich selbst bereits 1882[1]) in dem kleineren Aufsatz „Zur Gattung *Trocholites* CONRAD", in dem ich die hier abgebildete neue Art *macrostoma* beschrieb. Als die allernächsten Verwandten bezeichnete ich die Arten der Gattung *Discoceras* BARRANDE, in welche ich damals die sogenannten imperfecten Lituiten zusammenfasste.

BLAKE[2]) betrachtet *Trocholites* als Untergattung von *Nautilus*. Er beschreibt aus dem englischen Silur drei Arten:

1) *Trocholites anguiformis* SALTER ist ein schlecht erhaltenes Fossil, das unsere Kenntniss nicht erweitert.

2) *Trocholites planorbiformis* CONRAD (t. 29, f. 8) scheint in der That Aehnlichkeit mit der amerikanischen Art zu besitzen. Das zweite abgebildete Exemplar (t. 29, f. 9), das Original zu SALTER'S *Lituites hibernicus*, zeigt deutlich den erweiterten Mündungsrand, scheint im Uebrigen aber schlecht erhalten zu sein, da BLAKE es zweifelhaft lässt, ob Linien, die über die Rundung laufen, Anwachsstreifen oder Suturlinien sind.

3) *Trocholites scoticus* BLAKE (t. 29, f. 6; t. 28, f. 4) zeigt Aehnlichkeit mit *Trocholites Reméléi*. Das Exemplar aus der Bala Series weist einen deutlich erweiterten Mündungsrand auf. Der Umstand, dass der vordere Theil der Wohnkammer sich von der Spirale ablöst, erklärt sich wohl durch Verdrückung, welche die ganze Aufrollung asymmetrisch erscheinen lässt.

HYATT[3]) hat in seinem Versuch einer neuen Classification der Nautiliden die Gattung *Trocholites* sehr viel weiter gefasst als seine Vorgänger und der Begründer der Gattung. Seine Diagnose lautet: „*Trocholites* includes smooth or costated Silurian shells, whorl in section depressed ellipse varying to quadragonal, siphon holochoaneidal, and near the dorsum. Living chamber over one half of a volution in length, with large ventral sinus, lateral sinuses inconspicuous or absent and broad internal saddles. Sutures with ventral, lateral, and broad dorsal lobes, without annular lobes, and some specimens retain the straight outlines of the larva or have slight dorsal saddles." Ausser dem CONRAD'schen Typus will HYATT zur Gattung *Trocholites* auch *Lituites undatus* CONRAD, *Lituites angulatus* SAEMANN[4]) und *Lituites trapezoidalis* LOSSEN[5]) ziehen. Was die erste Species betrifft, so ist die von HALL[6]) gegebene Beschreibung zu unvollkommen, um eine generische Bestimmung derselben zu ermöglichen; jedoch scheint mir die Angabe HALL's[7]), dass der Sipho an dem einen Exemplar dorsal, d. h. an der Externseite, läge, von vorn herein eine Zugehörigkeit zu *Trocholites* auszuschliessen. *Lituites angulatus* ist von F. RÖMER[8]) als ident mit *Lituites antiquissimus* EICHWALD erkannt, der von BARRANDE als Typus seiner Gattung *Discoceras* aufgestellt ist; *Lituites trapezoidalis* darf wohl wegen der eigenthümlichen Knotenreihen, welche die Windungen zieren, eine vollständig selbständige Stellung in dem Formenkreise beanspruchen.

---

1) Schriften der physikalisch-ökonomischen Gesellschaft zu Königsberg i. Pr. Bd. 23. 1882. pag. 104.
2) British fossil Cephalopoda. pag. 62, 213.
3) Genera of fossil Cephalopoda. Proceedings of the Boston Society of Natural History. XXII. pag. 267.
4) Palaeontographica. Bd. 3. pag. 166, t. 21, f. 1a—d.
5) Zeitschrift der deutschen geol. Gesellschaft. Bd. 1860. pag. 26, t. 1, f. 2.
6) Palaeontology of New-York. I. pag. 52.
7) l. c. pag. 53. Bemerkung zu t. 1X, f. 3a.
8) Fauna von Sadewitz. pag. 64.

Hyatt scheint somit geneigt zu sein, die sämmtlichen Formen, die man in Europa bisher als imperfecte Lituiten mit dorsalem und subdorsalem **Sipho bezeichnet hat**, in das Genus *Trocholites* aufzunehmen. Er kennzeichnet hiermit jedenfalls die verwandtschaftlichen **Beziehungen** der Gattung *Trocholites* besser als diejenige Anschauung, welche dieselbe zwischen *Nautilus* und *Clymenia* stellen will.

In dem Zittel'schen Handbuch der Paläontologie, II. pag. 377, erhält die Gattung *Trocholites* zusammen mit *Gyroceras*, *Lituites* (nebst den Untergattungen *Lituites* s. str., *Ophidioceras* und *Discoceras*), *Hercoceras* und *Nautilus* eine selbstständige Stellung in der Familie der *Nautilidae*.

Nach dieser historisch-kritischen Betrachtung bleibt noch übrig darzuthun, wie sich die verwandtschaftlichen **Beziehungen** der Gattung *Trocholites* gemäss unserer erweiterten Kenntniss und nach meiner Auffassung gestalten.

Voraus bemerke ich, dass mir eine nähere Beziehung der Gattung *Trocholites* zu *Clymenia* überhaupt ausgeschlossen erscheint, weil beide Gattungen in dem Bau ihrer Anfangskammer gänzlich von einander abweichen. Nach Branco[1]) hat *Clymenia* „in dieser Beziehung keine Ähnlichkeit mit irgend einem Nautiliden, vielmehr ist der Typus ihrer Anfangskammer ein echt goniatitischer". Diese vollständige Verschiedenheit der Nautiliden und Clymenien gilt nach den Beobachtungen von Holm[2]) an der Anfangskammer von *Trocholites incongruus* (Eichw.) Lindström auch für die Gattung *Trocholites*. Obwohl nun für die grosse Mehrzahl der neueren Paläontologen dies ein genügender Grund sein würde, *Clymenia* und *Trocholites* in keinerlei Beziehung zu bringen, so sind doch die Acten über die Bedeutung der Anfangskammer als wichtigstes Characteristicum bei der Phylogenie der Cephalopoden noch nicht geschlossen, und ich berücksichtige daher auch ferner die Gattung *Clymenia*.

Unter allen Merkmalen scheint mir eins bei Beurtheilung der verwandtschaftlichen Stellung der Gattung *Trocholites* bisher noch nicht genügend hervorgehoben zu sein. Die trompetenartige Erweiterung der Mündung theilt nämlich die Gattung *Trocholites* nur mit der von mir neu aufgestellten *Eurystomites* und bringt sie in Gegensatz zu allem, was je als *Nautilus* bz. *Clymenia* bezeichnet worden ist. Erweiterte Mündungen kennt man nur bei der Gattung *Gyroceras* de Koninck und *Pteronautilus* Meek (= *Nautilus Seebachianus* Gein.), jedoch betrifft die Erweiterung hier nur einen Theil des Mündungsrandes und ist auch anders gestaltet.

Ein zweites Merkmal, durch welches *Trocholites* von *Nautilus* und *Clymenia* unterschieden sein sollte, war der Bau des Sipho. 1882 bewegte ich[3]) selbst mich noch in der Vorstellung, dass *Trocholites* und die sogenannten imperfecten Lituiten **geschlossene** Siphonen wie etwa *Endoceras* besässen. Die gleiche Anschauung vertrat dann Hyatt[4]), indem er *Trocholites* mit einigen *Nautilus*-artigen Cephalopoden und den raginaten Orthoceren als „Holochoanoidea" den übrigen „ellipochoanoiden" Nautiliden gegenüberstellte. Eine Beobachtung Holm's[5]) hat jedoch diese Annahmen erschüttert. Derselbe sagt nämlich: „Auch bei *Trocholites* wird die Siphonalwand in der Anfangskammer nicht durch eine Ausstülpung der ersten Kammerwand gebildet. Die Wand des Sipho bildet nämlich hier ebensowenig als bei „*Lituites*" *teres* eine Fortsetzung der nur in eine kurze Siphonaldüte ausgezogenen Kalkspathlamelle der Kammerwand, sondern ist aus derselben undurchsichtigen, unreinen, nicht krystallinischen Kalkmasse zusammengesetzt, welche die übrige Siphonalwand bildet. Auch das hintere Ende des Sipho war also wahrscheinlich von einer kalkig-häutigen Hülle umgeben." Meine im Folgenden mitgetheilten Unter-

---

1) Palaeontographica. Bd. 27. pag. 35.
2) Diese Abhandlungen Bd. 3. pag. 11.
3) Schriften der physikalisch-ökonomischen Gesellschaft zu Königsberg i. Pr. Bd. 23. 1882. pag. 105.
4) l. c. pag. 267.
5) l. c. pag. 11.

suchungen an *Estonioceras lamellosum* und *Planetoceras falcatum*, von denen ich ausreichendes Material besitze, haben mich nun überzeugt, dass die Siphonen dieser Cephalopoden durchaus nicht holochoanid sind, sondern vielmehr denen des lebenden *Nautilus pompilius* gleichen. Bei der Gattung *Trocholites* habe ich allerdings aus Mangel an geeignetem Material die Untersuchungen nicht genau bis in's Einzelne ausführen können. Nach einem durch den Sipho gelegten Längsschliff von *Trocholites soraviensis* (Taf. IV [XXVII], Fig. 8) biegen sich die aus dunkelem, krystallinischem Kalkspath bestehenden Kammerwände allerdings, an den Sipho gelangt, nach hinten um, bilden jedoch nur sehr kurze Duten, die in einer noch dunkeler gefärbten, schwachen Verdickung endigen. Die Duten sind kaum 0,5 mm lang. Der weitaus grössere Theil der Siphohülle (die Kammerwände stehen bis 2,5 mm von einander ab) besteht aus einer gelblichen, erdigen Substanz, die als die Fortsetzung der die Septa vorn und hinten begleitenden Septalhäutchen erscheint. Genügt diese eine Beobachtung nun auch nicht, um für alle *Trocholites*-Arten einen gleichen Bau des Sipho anzunehmen, so geht aus derselben, zusammengehalten mit der oben mitgetheilten von Holm, doch so viel hervor, dass bei *Trocholites*, wie bei den Gattungen *Discoceras* und *Estonioceras* die Siphonalhülle aus einem vorderen, kurzen, krystallinischen und einem hinteren, längeren, erdigen Theil bestehen kann, kurz, dass es in der Gattung *Trocholites Nautilus*-gleiche Siphonen giebt. Sollten sich jedoch bei einzelnen Formen Siphonen finden, deren Hülle vollständig krystallinisch ist, so dürfte dies kein genügender Grund sein, um dieselben etwa generisch von den anderen zu trennen, ebensowenig wie man es für gerechtfertigt erachten kann, wenn Hyatt (l. c. pag. 271) die Gattung *Aturia*, weil ihre Siphonalduten von Kammerwand zu Kammerwand reichen, in seinem System aus dem Verbande der engeren ellipochoaniden Nautiliden-Familie vollständig herausreisst und unter die Holochoaniden stellt.

Die dorsale oder subdorsale Lage des Sipho scheint auf eine Verwandtschaft mit *Clymenia* hinzuweisen, jedoch lässt sie in gleicher Weise auf eine Beziehung zu *Discoceras* schliessen, ganz abgesehen davon, dass es natürlicher ist, bei einer rein untersilurischen Gattung, wie *Trocholites* es ja ist, zunächst an eine verwandtschaftliche Beziehung zu gleichalterigen Formen zu denken, als dabei eine so sehr viel jüngere, ausschliesslich oberdevonische Gattung zu berücksichtigen.

In gleicher Weise zwingt auch der Verlauf der Suturlinien nicht zur Annahme einer Verwandtschaft mit *Clymenia*, sondern kann mit demselben Recht als eine Beziehung zu *Discoceras* gedeutet werden.

Der Querschnitt der Windungen, der stets breiter als hoch ist, erlangt nur dadurch einige Wichtigkeit, dass er an die anderen Merkmale gebunden zu sein scheint. Sollte sich dies nicht bestätigen, so würde ich es für angemessen erachten, auch Formen, deren Querschnitte höher als breit sind, die in allen anderen Merkmalen aber mit *Trocholites* übereinstimmen, in diese Gattung aufnehmen. Uebrigens erscheint mir der Uebergang von der breitmündigen *Trocholites*-Form zur hochmündigen *Discoceras*-Form durch *Trocholites orbis* und *depressus* schon vorbereitet, andererseits besitzt *Discoceras Eatoni* einen Querschnitt, der ebenfalls breiter als hoch ist.

Die allgemeine Sculptur der Schale ist vollkommen die der Gattung *Discoceras*. Lamellöse und feinere Querstreifung ist bei beiden verbreitet.

Ueberhaupt steht die Gattung *Trocholites* der Gattung *Discoceras* viel näher als irgend welchen anderen Cephalopoden. Die Unterschiede bestehen darin, dass sich die Wohnkammer bei *Trocholites* der Spirale anschliesst und einen stark erweiterten Mündungsrand besitzt.

Der vollständige Anschluss der Wohnkammer an die Spirale ist das Einzige, was *Trocholites* in eine nähere Beziehung zu *Nautilus*[1]) (im alten Sinne) und *Clymenia* setzt. Die übrigen Eigenthümlichkeiten, welche

---

[1]) In engerer Beziehung zu *Trocholites* könnten die böhmischen Formen aus der Etage E von Lochkov, wie *Nautilus bohemicus*, *N. Sacheri*, *N. Sternbergi*, die Hyatt l. c. pag. 299 zu seiner Gattung *Barrandeoceras* gestellt hat, gebracht werden. Die-

eine solche Beziehung zu unterstützen scheinen, lassen sich als ebenso viele Gründe für eine enge Verwandtschaft mit *Discoceras* verwerthen.

Trocholites steht in demselben Verhältniss zu *Discoceras* wie *Eurystomites* zu *Estonioceras*.

Trocholites und *Eurystomites* unterscheiden sich nur durch die Lage des Sipho.

Trocholites macrostoma SCHRÖDER.
Taf. I. [XXIV]. Fig. 1.
Schriften der physikalisch-ökonomischen Gesellschaft zu Königsberg f. l'r. Bd. 23. 1882. pag. 99.

Diese Species zeichnet sich vor allen aus Europa bekannten durch manche Eigenthümlichkeiten aus und schliesst sich in vieler Beziehung an *Trocholites ammonius* CONRAD aus den Silurschichten von Nordamerika an.

Die Zunahme der Windungen an Breite und Höhe ist so allmählich, dass ein äusserst flacher und weiter Nabel entsteht. Ueber der Mündung gemessen, beträgt der Durchmesser der Scheibe 42 mm. Die Anzahl der Windungen lässt sich nicht genau angeben, sondern nur auf mindestens 3 schätzen. Sie umfassen einander wenig.

Der Querschnitt ist halbmondförmig mit gerundeten Seitenflächen, seine Breite beträgt am Ende der Wohnkammer 15,5 mm, die Höhe 7 mm. Ein Querschnitt um eine Windung rückwärts ergab für die Breite 13 mm, für die Höhe 6 mm; hieraus ist zu ersehen, wie gering die Breiten- und Höhenzunahme in den letzten Windungen ist. *Trocholites macrostoma* nähert sich in Bezug auf Niedrigkeit der Windungen dem Extrem, indem das Verhältniss von Höhe zur Breite 1:2,2 ist, und wird darin nur von *Trocholites contractus* übertroffen.

Die Höhe der Luftkammern ist auf der vorletzten Windung 3 mm, dicht vor der Wohnkammer aber nur 2 mm, beide auf der Bauchseite gemessen.

Ebenso ist auch der Verlauf der Suturlinien an den einzelnen Windungen ein verschiedenartiger. An der vorletzten laufen sie fast geradlinig über die Bauchseite hin und erheben sich zu einer sehr flachen Hervorwölbung nach der Mündung zu. An den letzten Kammerwandnähten, dicht vor der Wohnkammer, ist diese Erhebung nicht sichtbar, vielmehr stellt die Suturlinie hier einen einfachen, sehr flachen, nach vorn offenen Bogen dar.

Der Sipho liegt nicht vollständig dorsal und hat ca. 1 mm Durchmesser bei 16 mm Windungsbreite. Am Anfang der letzten Windung ist der Sipho aus der Mediane des Rückens gedrängt und in die Bauchseite gerückt (Taf. I [XXIV], Fig. 1b s). Eine gleiche Beobachtung hat REMELÉ an seinem *Trocholites hospes*[1]) gemacht. Hier wie dort kann diese Anomalie nur durch Verdrückung und Bruch der Kammerwände, vielleicht bei der Ausfüllung der Kammer mit Gesteinsmasse," erklärt werden.

Der Sipho erscheint hier perlschnurförmig, etwa wie bei cochleaten Orthoceren, indem die einzelnen Segmente durch deutliche Ringfurchen von einander getrennt sind, deren vorderer Rand, der Ansatz der Kammerwand an den Siphonalstrang, wenig markirt, deren hinterer Rand, die Endigung der hinteren Siphonaldute, dagegen scharf abgesetzt ist.

Die Schalenoberfläche ist an den letzten Windungen mit Deutlichkeit sichtbar. Sie ist im Allgemeinen glatt, jedoch laufen unregelmässige, bald stärkere, bald feinere Querrunzeln, die nach der Bauchseite einen nach vorn offenen Sinus bilden, über sie hinweg.

---

selben unterscheiden sich jedoch wesentlich durch den sehr hohen Querschnitt, die centri-ventrale Lage des Sipho und die einfache Mündung. *Nostoc anomalus* BARRANDE (HYATT's Gattung *Anomaloceras*) weicht durch die ventrale Lage des Sipho ab.

1) Festschrift für die 50jährige Jubelfeier der Forstakademie Eberswalde. 1880. pag. 251.

Das Interessante des vorliegenden Stückes besteht in der Wohnkammer. Das von ihr erhaltene Stück beträgt über eine halbe Windung. Etwa 14 mm vor der Mündung verläuft über die Wohnkammer, welche hier denselben Querschnitt wie die übrigen Windungen besitzt, eine seichte Einschnürung, die auf der Bauchseite ebensoweit zurücktritt als die Querrunzeln der Schalenoberfläche. Diese Einschnürung hat mit der eigentlichen Mündung nichts zu thun, sondern ist den bei anderen *Trocholites*-Arten auch in der Mitte und am Hinterende der Wohnkammer beobachteten Furchen gleichzusetzen.

Die vor der Querfurche gelegene Kante fällt allmählich ... Windung zu in der Weise ab, dass dadurch eine zweite schwache, a... ...erjüngung entsteht, welche ich für homolog der bei anderen Arten kurz vor dem erweiterten Mündungsrand beobachteten Einschnürung der Wohnkammer halte. Dann schwillt der Steinkern nach vorn zu plötzlich an und zwar auf dem Bauch stärker als an den Seiten. Diese Haupterweiterung ist an der einen Seite noch 1 mm erhalten. Jedoch ist ihre Oberfläche nicht ganz gleichmässig, sondern 3 mm vom Hinterrande zeigt sich eine schwache Einschnürung, die aber keineswegs zum ursprünglichen Niveau der Wohnkammer herabsinkt. Wenn die in einer Länge von 7 mm darauf folgende nochmalige Erweiterung auch nur ganz unbedeutend ist, so kann sie doch immerhin daraus erkannt werden, dass die Naht, in welcher die Wohnkammer der vorletzten Windung anfliegt, etwas von der bisherigen Spirale abweicht und mehr als bisher auf die Seitentheile der vorletzten Windung herabläuft. Ganz am vorderen Ende des Steinkernes, mehr nach der Bauchseite zu, ist eine abermalige, im Vergleich zur Haupterweiterung nur geringe Erweiterung dadurch angedeutet, dass sich die hier erhaltene Schale ein klein wenig nach aussen aufbiegt. Ob diese Erweiterung die letzte war, lässt sich an dem vorliegenden Stück nicht entscheiden; doch ist es wahrscheinlich, da die Länge der Wohnkammer das bei anderen *Trocholites*-Arten beobachtete Maass (etwa ⅔ Windung) erreicht hat.

Nach der Andeutung der letzten Erweiterung und dem Verlauf der Anwachsrunzeln reconstruire ich den Mündungsrand von *Trocholites macrostoma*. Er ist zu einer Erweiterung nach aussen aufgebogen, auf der Bauchseite tritt er zu einem schwachen Sinus zurück, seine Seitentheile sind etwas gerundet. Das Vorderende der Wohnkammer von *Trocholites macrostoma* unterscheidet sich, soweit bekannt, von den anderen Arten dadurch, dass zwischen der Einschnürung und dem eigentlichen Mündungsrand noch ein aufgeblähtes, aus dem Niveau der Wohnkammer stark hervortretendes Mittelstück vorhanden ist.

Trocholites macrostoma schliesst sich auf das engste an *Trocholites ammonius* CONRAD vermöge seines Querschnitts, des äusserst flachen Nabels und des geringen Uebereinandergreifens der Windungen an. Die Mündung ist bei *Trocholites ammonius* nicht so complicirt gebaut, wie man wenigstens aus der Andeutung HALL's schliessen muss: „the aperture, which is slightly expanded."

Durch die aussererdentlich niedrigen Windungen steht *Trocholites macrostoma* in Beziehung zu *Trocholites contractus, hospes* und *soraviensis*, unterscheidet sich jedoch von allen durch den äusserst flachen Nabel.

Das beschriebene Exemplar, bis jetzt ein Unicum, befindet sich im mineralogischen Museum der Universität zu Königsberg i. Pr., ohne Fundortsangabe. Jedoch stammt das Stück jedenfalls aus einem Geschiebe Preussens. Das anhaftende Gestein gleicht dem des Echinosphäritenkalkes.

Trocholites orbis n. sp.
Taf. I. [XXIV.] Fig. 3 und ? 6.

Ein jedenfalls bis fast zur Mündung erhaltenes Individuum aus einem Geschiebe Ostpreussens gestattet eine genügend genaue Charakteristik einer neuen *Trocholites*-Art.

Die Scheibe, deren grösster Durchmesser 37 mm beträgt, besitzt über 4 Windungen, die langsam an

Grösse zunehmen. Da ausserdem die Windungen einander wenig umfassen, entsteht ein weiter und wenig tiefer Nabel. Die Windungsnähte sind vertieft.

Die Höhe und Breite liess sich an einem Bruch, der durch das Vorderende der Wohnkammer nach dem Centrum geht, messen:

	Breite	Höhe
in der Wohnkammer	11,5 mm	7 mm
eine Windung rückwärts	8,5 „	—
„ „ „	5 „	—

Während die inneren Windungen eine **mehr platte Bauchseite haben**, ist der äussere Theil des Querschnittes der Wohnkammer, ähnlich wie bei ***Trocholites depressus***, gerundet; auf der Bauchseite derselben tritt sogar eine Art Zuschärfung auf.

Die Suturlinien und der Sipho sind nicht sichtbar. Die Oberfläche der inneren Windungen ist mit deutlichen, in ungleichen Abständen stehenden Querrippen geziert, die sich auf der letzten Windung zu verlieren scheinen.

Die Wohnkammer, deren Mündungsrand nicht erhalten ist, nimmt über $3/_7$ Windung ein.

Diese neue Species steht in nächster Beziehung zu ***Trocholites depressus***, unterscheidet sich aber durch den weiteren Nabel, die schmälere Bauchseite **der Wohnkammer und überhaupt die schlankere Form**.

Trocholites orbis ist in einem Geschiebe untersilurischen Kalkes auf dem Nassen Garten bei Königsberg i. Pr. gefunden worden.

Nur mit aller Reserve ziehe ich zu *Trocholites orbis* das mir als Original von *Clymenia Odini* Eichwald (Lethaea rossica. I. 2. pag. 1304, t. 51, f. 27) übersandte Fossil, das aber weder zu der Abbildung noch zu der Beschreibung Eichwald's passt und **mich deshalb zu dem Vorschlag** veranlasst hat, *Trocholites Odini* Eichwald sp. zu eliminiren. Es ist ein mit ca. $3^1/_2$ Windungen erhaltener, nur stellenweise mit stark corrodirten Schalenresten bedeckter **Steinkern (Taf. I [XXIV], Fig. 6)**. Der **Nabel ist weit und nicht tief**. Bei einer Höhe der Windung von 8 mm und einer Breite von 5 mm beträgt **die Entfernung der Suturlinien 3 mm**. Dieselben laufen auf den älteren Windungen geradlinig über die Bauchseite, während sie auf den jüngeren einen deutlichen Sattel aufweisen. Unter frisch abgebrochenem Gestein kommen auf einer inneren Windung deutliche Rippen zum Vorschein.

Trocholites depressus Eichwald sp.
Taf. I [XXIV], Fig. 4 und 7.

1840. *Nautilus depressus* Eichwald, Das silurische Schichtensystem in Ehstland. **pag. 106.**
1860. *Clymenia depressa* Eichwald, Lethaea rossica. I. 2. pag. 1350, t. 50 f. 5 a—c.
1880. *Palaeonautilus depressus* Remelé, Festschrift für die 50jährige Jubelfeier der Forstakademie Eberswalde. **pag.** 246.
1881. *Palaeonautilus depressus* Remelé, Zeitschrift der deutschen geol. Gesellschaft. Bd. **33.** pag. **13.**
1882. ? *Trocholites depressus* Schröder, Schriften der physikalisch-ökonomischen Gesellschaft zu Königsberg i. **Pr.** Bd. 23. pag. 98.
1882. ? *Trocholites* cf. *incongruus* Schröder, Schriften der physikalisch-ökonomischen Gesellschaft zu Königsberg i. Pr. Bd. 23. **pag.** 97.

Das mir vorliegende Eichwald'sche Original ist ein vollständiger, stellenweise noch mit Schale bedeckter Steinkern. Die von Eichwald gegebene Abbildung ist das Spiegelbild des Stückes[1]) und genügt in keiner Weise; auch seine Beschreibung passt in einzelnen Punkten nicht genau auf das vorliegende Stück.

Die Höhe der Scheibe, an der sich 4 Windungen schätzen lassen, beträgt, über der Mündung gemessen, 35 mm. Die Windungen sind wenig umfassend und bilden einen Nabel von mittlerer Weite und Tiefe. Die

---

[1]) Es war ursprünglich nur von einer Seite sichtbar und zwar von der linken, wenn man die Externseite als Bauchseite betrachtet. Durch einen glücklichen Schlag befreite ich das Individuum vollständig von dem anhaftenden Gestein.

Windungssbite sind etwas vertieft, erscheinen jedoch an Stellen, wo die Schale der nächst jüngeren Windung in ihnen erhalten ist und sich auf die ältere legt, flach.

Betreffs der Breite der letzten Windung konnte man folgende Messungen machen:

am Anfang der letzten Windung	10 mm
in der Mitte der Wohnkammer	12,5 „
kurz hinter der Mündung	13,5 „

Die Höhe der Windungen lässt sich nicht beobachten; das Verhältniss von Höhe und Breite wird sich wohl dem bei *Trocholites orbis* beobachteten (ca. 1:1,5) nähern. Wie bei dieser Species schärft sich die Bauchseite, die am Anfang der letzten Windung abgeplattet ist, innerhalb der Wohnkammer etwas zu.

Die Suturlinien laufen fast geradlinig über die Bauchseite mit einer geringen Andeutung eines Sattels, auf den Seitentheilen biegen sie sich nach vorn; ihre Entfernung von einander schwankt kurz hinter der Wohnkammer zwischen 3 und 4 mm.

Der Sipho ist nicht sichtbar. Die Schale, am Ende der letzten Windung auf den Seitentheilen erhalten, zeigt durchschnittlich 1 mm von einander abstehende, obsolete Rippen, zwischen denen sehr feine Querstreifen verlaufen.

Die Wohnkammer besitzt die Länge von $^3/_4$ Windung und zeigt eine Andeutung einer Einschnürung, die, entsprechend den Anwachsstreifen auf der Bauchseite, einen spitzen Sinus bildet. Der Mündungsrand hat jedenfalls eine Erweiterung besessen. Der Sinus der Bauchseite ist enger als bei anderen Arten und seitlich von 2 nach vorn vorgezogenen Lappen begrenzt.

Ein zweites, in der geologisch-paläontologischen Sammlung des Museums für Naturkunde zu Berlin aufbewahrtes Individuum (Taf. I [XXIV], Fig. 7), das ich zu *Trocholites depressus* rechnen möchte, zeigt die Sculptur sehr viel deutlicher und lehrt ferner, dass die Rippen nur auf die Seitentheile beschränkt sind, dass die Querstreifen aber auf die Bauchseite übergehen, um hier einen Sinus zu bilden.

Zu *Trocholites depressus* ziehe ich ferner ein früher von mir aus einem Geschiebe von Belschwitz als *Trocholites* cf. *incongruus* bestimmtes Individuum. Trotz seiner nur unvollständigen Erhaltung bietet es doch eine Erweiterung unserer Kenntniss der Species *Trocholites depressus*. An zwei Durchschnitten war es nämlich möglich, die Maasse zu nehmen. An dem ersten, der vorletzten Windung angehörig, betrug die Höhe 5 mm, die Breite 8 mm; der zweite Durchschnitt, der durch die Wohnkammer geht, hat die Höhe 7,5 mm und die Breite 11 mm; beide Durchschnitte sind $^7/_4$ Windung von einander entfernt. Als Verhältnisszahl von Höhe zu Breite erhält man im ersten Falle 1:1,6, im zweiten 1:1,46, woraus folgt, dass die Höhe im Verhältniss zur Breite mit dem Alter zunimmt; diese Zunahme der Höhe geschieht in der Weise, dass der Querschnitt aus dem halbmondartigen Umriss in einen mehr dreiseitigen übergeht.

Die Höhe der Luftkammern wechselt: auf der vorletzten Windung beträgt sie, über die Bauchseite gemessen, $^1/_3$ des grössten Durchmessers der Kammer, während die letzten an Höhe bis $^1/_4$ herabsinken; die Kammern werden mit zunehmendem Alter des Thieres niedriger.

Der Sipho liegt ganz dorsal und hat einen Durchmesser von 1 mm bei 8 mm Windungsbreite.

Die Sculptur der Schale gleicht vollständig der an den vorbeschriebenen Individuen beobachteten. Ueber den Steinkern der Wohnkammer läuft ebenfalls eine deutliche, auf der Bauchseite einen spitzen Sinus bildende Einschnürung.

In nächster Beziehung steht *Trocholites depressus* zu *Trocholites orbis*, unterscheidet sich jedoch durch den engeren und tieferen Nabel und die Sculptur der inneren Windungen, indem die Querrippen bei ersterer Species bedeutend weiter von einander abstehen.

Trocholites depressus ist aus dem Echinosphäritenkalk von Odinsholm und aus den Geschieben bekannt.

Trocholites macromphalus n. sp.

Taf. I [XXIV], Fig. 5.

Mit dem Original des Eichwald'schen *Trocholites depressus* erhielt ich ein grösseres Bruchstück eines zweiten *Trocholites*, dessen Merkmale trotz der fragmentären Erhaltung genügen, um ihn von obiger Species specifisch zu trennen.

Den grössten Durchmesser der Scheibe kann man auf ca. 40 mm schätzen, die Zahl der Windungen beträgt über 4. Dieselben umfassen einander fast gar nicht und bilden einen weiten Nabel. Die Windungsnähte sind auch da, wo die Schale erhalten ist, scharf ausgeprägt und stark vertieft.

Dadurch, dass die letzte Windung auf der Bauchseite deutlich abgeplattet und die Seitentheile wenig gerundet sind, wird der Querschnitt innerhalb der Wohnkammer gerundet-vierseitig. Die Breite der Windungen überwiegt die Höhe bei *Trocholites macromphalus* nicht so bedeutend wie bei anderen Arten. Maasse liessen sich nur an einem Durchschnitt nehmen, der etwa durch die Mitte der Wohnkammer geht; die Breite beträgt hier 14 mm, die Höhe 9,5 mm.

Der Sipho liegt ganz dorsal.

Die Suturlinien sind nicht erkennbar. Auf den inneren Windungen trägt die Schale neben feinen Querstreifen Rippen, die jedoch bereits auf der vorletzten Windung undeutlich werden. Auf der Bauchseite der Wohnkammer befinden sich nur noch sehr zarte Anwachsstreifen, die hier einen sanften Bogen bilden.

Der Mündungsrand ist nur auf der Bauchseite erhalten und zeigt eine deutliche Erweiterung.

Von *Trocholites depressus* Eichwald ist unsere Species verschieden durch den weiten Nabel und den Querschnitt der Wohnkammer. Letzteres Merkmal trennt sie auch von *Trocholites orbis*.

Trocholites macromphalus stammt aus dem Echinosphäritenkalk von Odinsholm.

Trocholites incongruus Eichwald sp.

Taf. II [XXV], Fig. 2—4.

1840. *Nautilus incongruus* Eichwald, Das silurische Schichtensystem in Ehstland. pag. 108.
1860. *Clymenia incongrua* Eichwald, Lethaea rossica. I, 2. pag. 1306, t. 50, f. 7 a—c.
1880. *Palaeonautilus incongruus* Remelé, Festschrift für die 50jährige Jubelfeier der Forstakademie Eberswalde. pag. 246.
1881. *Palaeonautilus incongruus* Remelé, Zeitschrift der deutschen geol. Gesellschaft. Bd. 33. pag. 13.

Unter den drei mir übersandten Stücken aus der Eichwald'schen Sammlung könnte das eine, Taf. II [XXV], Fig. 2 nochmals abgebildete mit einiger Phantasie für das Original zu der Eichwald'schen Abbildung l. c. t. 50, f. 7a gehalten werden.

Es enthält nur Luftkammern; trotzdem lässt sich durch den Umstand, dass die Schale der letzten Windung auf der Bauchseite der vorletzten haften geblieben und die Stelle, wo sich die Mündung auflegte, deutlich erkennbar ist, die Anzahl der Windungen auf etwas über 5 angeben.

Der Nabel ist sehr tief und ziemlich eng, was diese Art sehr gut von *Trocholites depressus* unterscheidet. Die Breite und Höhe der Windungen liess sich an einem Durchschnitt eines anderen Individuums (Taf. II [XXV], Fig. 4)[1] gut studiren. Sie betragen:

---

[1] Der Schnitt geht nicht ganz genau senkrecht zur Windungsebene.

	Breite	Höhe
in der Wohnkammer	9,5 mm	5 mm
¹/₂ Windung rückwärts	7 „	4,5 „
do.	— „	3 „
do.	4 „	2 „
do.	— „	1,5 „
do.	2,5 „	1,25 „

Die Windungszunahme ist also eine bedeutende, aber doch allmähliche.

Der Querschnitt ist halbmondförmig, die Bauchseite flach; die Seitentheile sind nicht vollständig gerundet, sodass der Querschnitt sich namentlich an dem zuerst erwähnten Individuum dem trapezförmigen nähert. Die Windungsnaht ist wenig vertieft oder flach, namentlich an dem Taf. II [XXV], Fig. 3 abgebildeten Stück, das einen deutlichen Nahtwulst aufweist.

Die Suturlinien laufen gerade über die Bauchseite und biegen sich auf den Seitentheilen nach vorn. Die Höhe der Kammern beträgt fast 2 mm bei einer Breite von 8 mm.

Der Sipho liegt ganz dorsal.

Die Schale ist mit sehr feinen Querstreifen verziert, die auch über die an den Seiten auftretenden, wenig deutlichen Wellen hinweggehen. Auf der Bauchseite fehlen die Wellen, und die Querstreifen bilden einen Sinus, der jedenfalls einem Ausschnitt der Mündung entspricht, welche bei dieser Species nicht bekannt ist.

Die Länge der Wohnkammer hat nicht über ³/₄ Windungen betragen.

Das eine Individuum (Taf. II [XXV], Fig. 3), das ich nur als *Trocholites* cf. *incongruus* bezeichnen möchte, von welchem ein Theil der Wohnkammer erhalten ist, zeigt direct vor den letzten Luftkammern eine abweichende Zunahme in der Höhe der Windung, so dass eine Art Buckel im hinteren Theile der Wohnkammer entsteht. Von einer sehr deutlichen Einschnürung ab stellt sich jedoch das normale Verhalten wieder her.

Der tiefere und engere Nabel, sowie die Gestalt des Querschnittes innerhalb der Wohnkammer und die Schalensculptur unterscheiden *Trocholites incongruus* von *Trocholites depressus*.

Trocholites incongruus Angelin (Fragmenta silurica. p. 11, t. 9, f. 15—18) ist nicht die Eichwald'sche Species, sondern steht durch ihre ausserordentlich breite Bauchseite, ihren noch tieferen und engeren Nabel in Beziehung zu *Trocholites hospes*, wie bereits Remelé[1]) bemerkt.

Trocholites incongruus stammt aus dem Echinosphäritenkalk von Odinsholm.

Trocholites soruriensis n. sp.
Taf. II [XXV]. Fig. 1.

Die Scheibe, deren letzter halber Umgang von der nicht ganz bis zur Mündung erhaltenen Wohnkammer eingenommen wird, besitzt einen grössten Durchmesser von 37 mm. Die Zahl der Windungen lässt sich auf 4½ schätzen.

Der Nabel ist weit und flach, da die Windungen einander wenig umfassen und das Wachsthum sehr allmählich zunimmt.

---

1) Zeitschrift der deutschen geol. Gesellschaft. Bd. 32. 1880. pag. 644 und Bd. 34. 1882. pag. 4 und 13.

	Breite	Höhe
am Boden der Wohnkammer	14 mm	7 mm
ca. ¼ Umgang zurück	12 „	6 „
„ „ „	9,5 „	5 „
„ „ „	8 „	4 „
„ „ „	7 „	3,5 „

Die Breite aller Windungen ist nach obiger Tabelle genau doppelt so gross wie die Höhe.

Die Kammerwandnähte beschreiben auf der Bauchseite einen nach der Mündung geöffneten Bogen und stehen innerhalb des Regiones der letzten Windung 4 mm von einander ab.

Der Sipho durchbricht vollständig dorsal die Kammerwände.

Die Schalenoberfläche zeigt feine Anwachsstreifen, die auf der Bauchseite einen flachen Sinus beschreiben.

Durch die Gestalt des Querschnittes steht *Trocholites soraviensis* in Beziehung zu *Trocholites hospes* und *Remeléi*, unterscheidet sich jedoch sofort durch flachen und weiten Nabel.

Trocholites soraviensis befindet sich als Geschiebe aus hellem, grauem, untersilurischem Kalk von Sorau in der Sammlung der Kgl. geologischen Landesanstalt und Bergakademie zu Berlin.

Trocholites hospes Remelé.

Taf. 1 (XXIV). Fig. 8—9.

1880. *Palaeonautilus hospes* Remelé, Festschrift für die 50jährige Jubelfeier der Forstakademie Eberswalde, pag. 249, t. 2, f. 3 und 4.
1881. *Palaeonautilus hospes* Remelé, Zeitschrift der deutschen geol. Gesellschaft. Bd. 33, pag. 13.
1882. *Trocholites hospes* Schröder, Schriften der physikalisch-ökonomischen Gesellschaft zu Königsberg i. Pr. Bd. 23, pag. 100.

Die Leiden Exemplare, auf die Remelé diese Species gegründet hat, zeigen alle Merkmale mit grosser Deutlichkeit bis auf den Mündungsrand.

Es ist eine ziemlich grosse Form mit ausserordentlich tiefem und engem Nabel. Die Windungen sind stark involut und wachsen mässig schnell und gleichförmig. Die letzte Scheidewand hat bei 11,5 mm Höhe 23 mm Breite. Der Querschnitt bildet eine annähernd elliptische, unten concav ausgeschnittene Figur. Die Nahtlinie beschreibt am Ende der Wohnkammer einen nach vorn offenen Bogen. Der Sipho setzt als zusammenhängender Strang mit geringen interseptalen Anschwellungen auf der Rückenseite durch die Kammern. Die äussere Schale ist mit feinen Streifen, die auf der Bauchseite einen wenig tiefen, aber ziemlich spitzen Sinus bilden, verziert.

Das in der geologisch-paläontologischen Sammlung des Museum für Naturkunde zu Berlin aufbewahrte, von Remelé schon erwähnte, bei Sorau gefundene Stück liegt auch mir vor. Es zeigt eine von Remelé nicht berücksichtigte, bis jetzt bei allen gut erhaltenen Trocholiten aufgefundene Eigenthümlichkeit. Die Wohnkammer, deren Länge nicht ganz ⅔ Windung beträgt, weist nämlich mit grosser Deutlichkeit eine bedeutende Erweiterung der Mündung auf. Ausserdem will ich noch erwähnen, dass über die Bauchseite des Steinkernes der Wohnkammer undeutliche Ringwülste laufen, die den Anwachsstreifen entsprechend einen Sinus bilden. Die Bauchseite ist nicht vollständig gleichmässig gerundet, sondern besitzt auf ihrer Höhe in einer schmalen Zone eine Abplattung. Übrigens ist dieses Individuum kleiner als das von Remelé genau beschriebene, denn es hat einen Scheibendurchmesser von 35 mm, während jenes, an dem von der Wohnkammer nur die Hälfte einer Windung erhalten war, bereits einen Durchmesser von 50 mm besitzt.

Zu *Trocholites hospes* zog ich 1882 einen in einer Geschiebeplatte graublauen Kalkes bei Memel zusammen mit *Endoceras commune* auct., *Lituites lituus* Montf. und *Orthoceras regulare* v. Schlotheim gefundenen grossen *Trocholites* (Taf. 1 [XXIV], Fig. 9). Bemerken will ich nur, dass der Sinus der Suturlinien auf der Bauchseite ausserordentlich gering entwickelt ist und dieselben eigentlich geradlinig verlaufen. Der Steinkern schärft sich auf der Bauchseite etwas zu.

Zusammen mit *Trocholites orbis* wurde in einem Silur-Block auf dem Nassen Garten bei Königsberg i. Pr. ein zweiter *Trocholites* gefunden, den ich ebenfalls zu *Trocholites hospes* ziehen möchte. Die Wohnkammer, welche sehr wenig mehr als eine halbe Windung einnimmt, hat vor einer deutlichen Einschnürung einen sehr kräftig trompetenartig erweiterten Mündungsrand, auf dem noch die Schale aufsitzt, so dass es keinem Zweifel unterliegt, dass die bei so vielen Steinkernen der Trocholiten beobachtete Aufblähung der Wohnkammer an der Mündung wirklich auch einer Erweiterung der Schale entspricht und nicht, wie bei manchen *Discoceras*- und *Estonioceras*-Arten, durch ein Dünnerwerden der inneren Schalenlage an der Mündung verursacht wird.

Die Oberflächensculpturen tragen den Charakter von feinen lamellösen Anwachsstreifen, von denen einige durch etwas kräftigere Entwickelung hervortreten; an einer eng begrenzten Stelle sieht man über die Querstreifen nur sehr feine Längsstreifen spiralig verlaufen.

Trocholites hospes ist aus Echinosphäritenkalk-Geschieben der Mark Brandenburg, Schlesiens und Ostpreussens bekannt.

Trocholites Remelei n. nom.

1880. *Trocholites incongruus* ANGELIN-LINDSTRÖM, Fragmenta silurica. pag. 11, t. 9, f. 15—18.

Wie bereits von REMELE[1]) bemerkt wurde, kann das in den Fragmenta silurica von ANGELIN als *Trocholites incongruus* beschriebene und abgebildete Stück nicht mit der EICHWALD'schen Species ident sein. Dasselbe steht vielmehr in nächster Beziehung zu *Trocholites hospes*. Die von ANGELIN gegebene Beschreibung lautet: „Testa arcte convoluta, discoidea, utrinque umbilicata, dense concamerata. Anfractus quatuor et dimidius, omnes contigui, utrinque conspicui, apertura subanguste reniformis. Peristoma ampliatum. Dissepimenta valde approximata, interstitia quartam partem diametri aequantia, suturae horizontaliter rectae, nequaquam more Clymeniarum in lateribus arcuatae. Superficies testae obsolete transversim costata, costae, tamquam striae transversae subtilissimae, in dorso retro in angulum acutum incurvatae. Sipho parvus, ovalis, lateri ventrali proximus. Diametrus maxima 33 mm, latitudo aperturae 16 mm, altitudo 11 mm. Loc. nat. In stratis regionis C Ölandiae et ad Alsarby et Gerse Dalecarliae."

Es liegt mir ein von Herrn Professor DAMES bei Lerkaka auf Öland gesammeltes Stück dunkelgrauen Kalkes vor, das neben *Ptychopyge* sp. einen kleinen *Trocholites* enthält, der vorzüglich auf die Beschreibung und Abbildung ANGELIN's passt. Die Rippen der Schale, die übrigens an einer Stelle der Oberfläche auf der Bauchseite nicht und wohl nur auf den Seitenflächen der Windungen auftreten, sind derartig scharf ausgeprägt, dass sie selbst auf dem Steinkern der Wohnkammer noch stark hervortreten. Im Gegensatz hierzu bemerkt man bei *Trocholites hospes* nie etwas derartiges; ich halte deshalb dieses Merkmal für vollständig genügend, um die beiden Arten zu unterscheiden.

---

1) Zeitschrift der deutschen geol. Gesellschaft. Bd. 32. 1880. pag. 644.

Trocholites contractus n. sp.
Taf. I [XXIV], Fig. 2.

An dieser Art macht sich besonders der eigenthümliche Bau der Wohnkammer bemerkbar. Das Stück ist bis zur Mündung erhalten und besitzt einen Scheibendurchmesser von 31 mm und lässt nahezu 4½ Umgänge erkennen.

	Breite	Höhe
innerster Umgang	3 mm	—
Anfang des vorletzten Umganges	9 „	3 mm
Mitte des vorletzten Umganges	11 „	4 „
Anfang des letzten Umganges	14 „	5 „
Anfang der Wohnkammer	14 „	5 „
Mitte der Wohnkammer	14 „	4,5 „

Hieraus ergiebt sich, dass die innersten Windungen sehr rasch an Breite zunehmen und in Folge dessen stark involut sind. Nach den jüngeren Windungen zu verlangsamt sich die Breitenzunahme, und innerhalb der letzten findet dieselbe überhaupt nicht mehr statt, ja betrachtet man das Individuum von vorn, so kann man beobachten, dass innerhalb des vorderen Theiles der Wohnkammer eine merkliche Verengung eintritt. In den letzten Umgängen umfassen die Windungen einander gar nicht, während die inneren Windungen einen tiefen Nabel einschliessen; der Anfang der letzten und das Ende der vorletzten Windung ragen dagegen seitlich über die Endigung der Wohnkammer hinaus.

Aus der obigen Tabelle ist ferner ersichtlich, dass die Niedrigkeit der Windungen das grösste im Bereich der Gattung *Trocholites* beobachtete Maass erreicht hat.

Die Seitentheile der Windungen sind gerundet und gehen in die nur wenig umfassenden und wenig eingezogenen Rückenseiten über.

Die Höhe der Luftkammern ist am Anfang der letzten Windung auf der Bauchseite gemessen 2 mm; die letzte Luftkammer ist wie bei manchen anderen Cephalopoden niedriger.

Die Kammerwandnähte sind welliger als bei anderen Species. Sie bilden auf dem Bauche einen flachen Bogen nach hinten, also in entgegengesetztem Sinne wie bei *Trocholites macrostoma*, treten auf den Flanken nach vorn vor und verschwinden, nochmals einen kleinen Bogen nach hinten bildend, in der Windungsnaht. Die letzten Suturlinien bilden einen einfachen, nach vorn offenen Bogen. Der Sipho liegt dorsal.

Ueber die Schalenoberfläche verlaufen undeutliche, sanfte Querrippen, die mit feinen Querstreifen geziert sind, so dass 10—12 Streifen auf eine Rippe fallen. Beide beschreiben auf dem Bauche einen nach vorn offenen Sinus. Einen gleichen Verlauf haben auf dem Steinkern der Windungen deutliche, gerundete Rippen, die bis auf den vorletzten Umgang sichtbar sind, aber auf der vorderen Hälfte der Wohnkammer verschwinden.

Die Mündung der Schale ist sicher erweitert gewesen, leider jedoch nicht genügend erhalten, um den Mündungsrand studiren zu können.

2,5 mm vor der letzten Suturlinie läuft eine feine vertiefte Linie über die Wohnkammer, auf dem Rücken parallel mit derselben und nur auf den Seiten sich ihr etwas nähernd. Diese Linie halte ich für den Vorderrand des Verwachsungsbandes.

Durch die eigenthümliche Verschiedenheit der Breitenzunahme innerhalb der inneren und der äusseren Windungen und die Verengerung der Wohnkammer steht *Trocholites contractus* vereinzelt unter allen bisher bekannten Arten der Gattung da.

Trocholites contractus ist in einem Block von Echinosphaeritenkalk am Strande bei Rosehnen im Samlande gefunden.

Trocholites Dawesii n. sp.
Taf. V [XXVIII]. Fig. 2.

In einem Geschiebe zusammen mit cf. *Glyptosphaerites Leuchtenbergii* von Schwedt a. O. befindet sich in der geologisch-palaeontologischen Sammlung des Museum für Naturkunde zu Berlin ein zwar unvollständig, aber für eine Speciesdiagnose vollkommen ausreichend erhaltener Rest einer neuen *Trocholites*-Art.

Die inneren Windungen, ca. 1½ Umgänge einnehmend, sind vollständig, dann fehlt ½ Umgang, und die folgenden ⅔ sind wieder erhalten. Der Horizontaldurchmesser der Scheibe beträgt 54 mm, und sind sämmtliche 2½ Umgänge von Luftkammern eingenommen gewesen, da am Ende der Windungen noch der Sipho vorhanden ist.

Die Umgänge nehmen allmählich an Grösse zu; in Folge dessen ist der Nabel weit und nicht sehr tief. Die Gestalt des Querschnittes ist trapezförmig mit etwas gerundeter, breiter Ventralseite und platt, wenig eingedrückter, kürzerer Dorsalseite. Die inneren Windungen sind seitlich gerundet, dagegen erscheinen die Flanken der äusseren flach. Die Höhe ist etwas geringer als die Breite. Eine etwas genaue Messung liess sich nur an einem Durchschnitt vornehmen: die Höhe beträgt bei 2 Windungen ca. 12 mm, die Breite 16 mm, jedoch scheinen sich die Umgänge nach vorn zu in dem Verhältniss von Höhe und Breite etwas zu erniedrigen.

Kammerwände sind nicht sichtbar.

Der Sipho, ziemlich gross, liegt dorsal, durch etwa 1 mm Zwischenraum von der Internseite der Windungen getrennt.

Auf der Schalenoberfläche treten innerhalb der inneren Umgänge deutliche Querrippen hervor. An den Seitentheilen gehen von denselben die blättrigen Anwachsstreifen aus; auf der Ventralseite sind dieselben glatter und zierlicher und werden von äusserst zarten Längslinien durchkreuzt. Auf den vorderen Umgängen verschwinden die Rippen, und es sind nur gekräuselte, lamellöse, ziemlich dichte Anwachsstreifen vorhanden. Der Sinus der Bauchseite ist breit und nicht tief.

Discoceras BARRANDE 1867.

— *Lituites* auct. ex parte — *Discoceras* BARRANDE (non ANGELIN) — *Discoceras* SCHRÖDER ex parte — *Discoceras* REMELÉ.

Schale scheibenförmig; Umgänge aneinander liegend, nur die Wohnkammer z. Th. von der Spirale losgelöst, ½ bis ⅔ Umgang lang. Mündungsrand einfach mit tiefem Ventralausschnitt. Sipho dorsal oder subdorsal.

Mittlere Abtheilungen des Unter-Silur.

Die Gattung *Discoceras*[1]) umfasst einen Theil der früher als imperfecte Lituiten bezeichneten Cephalopoden des Untersilur. BARRANDE[2]) gliederte 1867 die Lituiten in folgender Weise:

	Crosse longue	Crosse courte ou nulle
Formes à ouverture contractée	*Lituites* BREYN. Type: *Lituites lituus* MONTF.	*Ophidioceras* BARRANDE. Type: *Ophidioceras simplex* BARRANDE.
Formes à ouverture simple	*Lituunculus* BARRANDE.	*Discoceras* BARRANDE. Crosse très courte: *Discoceras antiquissimum* EICHWALD. Crosse nulle: *Discoceras Lynnense* KJERULF.

[1]) Als *Discoceras* bezeichnete HYATT eine Gruppe der Gattung *Arietites* WAAGEN.
[2]) Système silurien du centre de la Bohême. II. pag. 177.

Hierzu ist vorerst zu bemerken, dass BARRANDE von seinem Genus *Lituunculus* keine Species kennt. Er sagt: „Il y a donc lieu d'espérer, que la découverte des spécimens plus complets nous montrera tôt ou tard des formes à longue crosse, terminées par une ouverture simple, c. à d. des *Lituunculus*." Diese Hoffnung ist noch nicht in Erfüllung gegangen.

BARRANDE will ferner *Lituites* und *Lituunculus* (perfecte Lituiten) als Genera, *Ophidioceras* und *Discoceras* (imperfecte Lituiten) als die beziehentlich dazu gehörigen Subgenera betrachtet wissen. Die beiden Genera mit Einschluss ihrer Subgenera unterscheidet er von einander durch den Mündungsrand, die Subgenera von den Hauptgenera durch die Länge des gestreckten Theiles. Ihm erscheint also erst in zweiter Linie die grössere oder geringere Länge und damit auch die gestreckte oder gekrümmte Form des von der Spirale gelösten Theiles für die Eintheilung von Werth; er legt vielmehr das Hauptgewicht auf die Gestalt des Mündungsrandes und hat damit das Merkmal gekennzeichnet, nach dem eine natürliche Eintheilung dieser Cephalopodengruppe überhaupt nur möglich ist.

Dieses Merkmal ist es auch, was dazu veranlasst, *Ophidioceras* aus der Verwandtschaft der Lituiten auszuschliessen und mit *Phragmoceras*, *Gomphoceras* etc. in Beziehung zu setzen, ein Punkt, auf den ich noch weiter unten zurückkomme.

Obwohl BARRANDE als Typus seines *Discoceras* das *Discoceras antiquissimum* EICHWALD anführt, so geht aus seiner Auseinandersetzung (Texte I. [1867]. pag. 177) direct nicht hervor, ob er nicht sämmtliche sogenannten imperfecten Lituiten, also neben *Discoceras* s. str. auch diejenigen Formen, welche NÖTLING und ich als *Estonioceras* abtrennen, unter diesem Namen zusammenfassen will. Erst in der Fortsetzung seines Cephalopodenwerkes (Texte IV. [1877] pag. 468 und V. pag. 798) bezieht er deutlich *Discoceras* nur auf Formen mit dorsalem oder dorsicentralem [1]) Sipho.

Nach BARRANDE hat sich REMELÉ [2]) 1880 mit den „Lituiten" beschäftigt. Er behält die alte WAHLENBERG'sche Eintheilung mit geringen Zusätzen bei, ohne die BARRANDE'sche Gattung zu berücksichtigen.

Erst ANGELIN [3]) bringt dieselbe wieder in Erinnerung und giebt für *Discoceras*, als selbständiges Genus neben *Lituites* und *Ophidioceras*, folgende Diagnose: „Testa discoidea, depressa dense concamerata, utrinque umbilicata. Pars experrecta ambitus aperturalis brevis, spira aliorum ambitum solida, ambitibus contiguis. Apertura transverse ovalis. Sipho modicus mouiliformis, dorsalis vel inter centrum et dorsum situs."

Diese ANGELIN'sche Diagnose deckt sich nicht mit der BARRANDE'schen, da sie nur auf die von ANGELIN erwähnten Formen (*Discoceras convolvens* HIS., *Discoceras lamellosum* HIS. und *Discoceras subcostatum* ANGELIN) passt, welche ich jetzt zu *Estonioceras* NÖTLING ziehe, und den Typus der Gattung, *Discoceras antiquissimum* EICHWALD, ausschliesst.

Zu gleicher Zeit erkannten NÖTLING [4]) und ich [5]), wie grundverschieden die beiden alten Gruppen der perfecten und imperfecten Lituiten in vieler Beziehung gebaut sind. NÖTLING will beide als gleichwerthige Genera betrachtet wissen und zur Familie der Lituiten [6]) vereinigen. „Für die . . . imperfecten Lituiten wäre ein neuer Name aufzustellen." Derselbe war jedoch bereits damals schon in der BARRANDE'schen Gattung *Discoceras* vorhanden und wurde von mir mit folgender Diagnose angewandt: „Hinterer Teil der Schale sym-

---

1) Die Lage des Sipho zwischen Centrum und Rücken dem ersteren genähert bezeichne ich als centridorsal, dem letzteren genähert als dorsicentral. In gleicher Weise gebrauche ich centriventral und ventricentral.
2) Festschrift für die 50jährige Jubelfeier der Forstakademie Eberswalde. 1880. pag. 214.
3) ANGELIN-LINDSTRÖM, Fragmenta silurica. pag. 9.
4) Zeitschrift der deutschen geol. Gesellschaft. Bd. 34. 1882. pag. 190.
5) Schriften der physikalisch-ökonomischen Gesellschaft zu Königsberg i. Pr. Bd. 23. 1882. pag. 95.
6) 1884 wandte NÖTLING jedoch den Familiennamen *Lituitidae* berechtigterweise nur auf die Gattungen *Lituites* BARR. und *Ancistroceras* BOLL an.

metrisch in eine Spirale aufgerollt, vorderer Theil von der Spirale losgelöst. Wohnkammer des ausgewachsenen Thieres gebogen; Mündungsrand einfach mit Ventralsinus. Nahtlinien meist stark gebogen. Sipho perlschnurförmig, zwischen der dorsalen und subventralen [1]) Lage schwankend. Anwachsstreifen einfach mit Ventralsinus."

Eine Spaltung der „imperfecten Lituiten" in zwei gleichwerthige Genera wurde von NÖTLING [2]) angebahnt durch die Abtrennung der Gruppe des *Lituites lamellosus* als neues Genus *Estonioceras* und als nothwendig anerkannt von REMELÉ [3]), der diese Gruppe in die Gattungen *Discoceras*, *Falcilituites* und *Cyclolituites* trennt.

Die Fassung, welche der **Gattung** *Discoceras* in vorliegender Arbeit gegeben wird, geht aus der oben mitgetheilten Diagnose der Gattung und aus den Species, welche in dieselbe einrangirt wurden, hervor. Hiernach gehört zu *Discoceras* diejenige Gruppe der imperfecten Lituiten, die durch die dorsale bis centridorsale **Lage des** Sipho vor der mit ventralem bis centriventralem Sipho begabten Gattung *Estonioceras* ausgezeichnet sind.

Ueber die engen Beziehungen von *Discoceras* zu *Trocholites* habe ich mich bereits oben ausgesprochen; dieselben scheinen mir so innige zu sein, dass ich eine Abstammung einer Gattung von der anderen, oder doch eine gemeinsame Abstammung beider für wahrscheinlich halte.

Im Folgenden gebe ich, um die Formengestaltung innerhalb der Gattung *Discoceras* zu veranschaulichen, kurze Beschreibungen der bisher bekannten Arten.

Discoceras Eatoni WHITFIELD sp..

1886. *Lituites Eatoni* WHITFIELD, Bulletin of the American Museum of Natural History. I. 8. pag. 321, t. 28, f. 5–7 und t. 32, f. 1 u. 2.

Die mittelgrosse Schale besteht aus 4 Windungen, die sehr allmählich an Grösse zunehmen und einander umfassen, so dass die Rückenseite eingezogen erscheint. Der äussere Umgang löst sich von der Spirale los und streckt sich.

Während die inneren Windungen einen Querschnitt besitzen, der breiter als hoch (nach WHITFIELD, t. 28, f. 6 ist das Verhältnis von Höhe zu Breite = 5 : 6) ist, wird derselbe in der letzten Windung und im gestreckten Theil allmählich kreisrund.

Der kleine Sipho liegt subdorsal.

Die Suturlinien bilden auf den Seitentheilen einen flachen Sinus und auf der Bauchseite einen undeutlichen Sattel.

Die Schale ist mit regelmässigen Anwachsstreifen versehen, welche auf der Bauchseite einen breiten, flachen Sinus bilden und so den Ausschnitt der Mündung anzeigen.

Die Mündung selbst und somit auch die Länge der Wohnkammer sind nicht bekannt.

WHITFIELD trennt von seiner Art noch eine var. *Cassinensis* ab, die sich durch einen runderen Querschnitt der Windungen auszeichnet.

Die Beziehungen von *Discoceras Eatoni* WHITFIELD zu *Trocholites ammonius* HALL sind nach dem Autor sehr enge.

---

[1]) REMELÉ (Untersuchungen über versteinerungsführende Diluvialgeschiebe. I, 3. pag. 98) meint, dass ich die Gattungsbezeichnung *Discoceras* nicht auf sämmtliche „imperfecto Lituiten" übertragen durfte, weil BARRANDE dieselbe nur auf Formen mit dorsalem oder subdorsalem Sipho bezogen hat. Ich bin dagegen der Meinung, dass man über die Berechtigung, die BARRANDE'sche Diagnose in obigem Sinne zu erweitern doch noch streiten könnte. Die Trennung der imperfecten Lituiten in zwei Genera *Discoceras* BARRANDE und *Estonioceras* NÖTLING (= *Falcilituites* REMELÉ), deren Durchführung auch in der vorliegenden Arbeit versucht ist, bereitet doch grössere Schwierigkeiten, als man von vorn herein glauben sollte.

[2]) Jahrbuch der kgl. preussischen geol. Landesanstalt und Bergakademie. 1882. pag. 275 Anm.

[3]) Zeitschrift der deutschen geol. Gesellschaft. Bd. 38. 1886. pag. 467.

Discoceras Eatoni findet sich im Birdseye-limestone von Fort Cassin am Lake Champlain. Da nach Schmidt[1]) der Chazy-Limestone die meiste Aehnlichkeit mit dem Vaginatenkalk (B_3) Ehstlands besitzt und nach demselben Autor[2]) die Wesenberger (E) und Lyckholm'sche Schicht (F_1) dem Trenton-limestone entspricht, so dürfte der Birdseye-limestone, welcher zwischen den beiden obengenannten amerikanischen Silur-Abtheilungen liegt, im Alter den Schichten C und D Schmidt's gleichstehen.

Discoceras internestriatum Whitfield sp.

1886. *Lituites internestriatus* Whitfield, **Bulletin of the American Museum of Natural History. I. 8. pag. 332, t. 29, f. 5—8.**

Die zweite, von Whitfield aus dem Birdseye-limestone beschriebene Art ist noch weniger bekannt als *Discoceras Eatoni*.

Da an den beschriebenen Stücken der vordere Theil der Wohnkammer nicht erhalten war, so lässt sich kein Urtheil über die aus anderen Gründen wahrscheinliche Loslösung der letzten Windung von der Spirale abgeben. Mit dem hinteren Theil der Wohnkammer zählt man 2 bis 3 Windungen.

Im allgemeinen Umriss sind die Umgänge rund, seitlich zusammengedrückt; die Rückenfläche ist etwas ausgeschnitten.

Die Suturlinien scheinen fast geradlinig zu verlaufen.

Der Sipho liegt subdorsal.

Die Oberfläche der Schale ist mit schrägen Rippen geziert, die auf den Seitentheilen am kräftigsten entwickelt sind und, ähnlich wie bei manchen *Trocholites*-Arten, auf der Bauchseite fast verschwinden. Auf und zwischen den Rippen verlaufen kräftige, lamellöse Anwachsstreifen. Rippen und Streifen bilden auf der Bauchseite einen tiefen Sinus. Der Steinkern trägt ausserdem noch sehr feine Längsstreifen.

Discoceras teres Eichwald sp.

1840. *Lituites teres* Eichwald, Das silurische Schichtensystem in Ehstland. pag. 105.
1845. *Lituites Odini* de Verneuil, Géologie de la Russie. II. pag. 360, t. 25, f. 3.
1860. *Lituites Odini* Lossen, Zeitschrift der deutschen geol. Gesellschaft. Bd. 12. pag. 23.
1860. *Lituites teres* Eichwald, Lethaea rossica. II. 1. pag. 1299.
1879. *Lituites teres* Dewitz, Schriften der physikalisch-ökonomischen Gesellschaft zu Königsberg i. Pr. Bd. 20. pag. 177, t. 4, f. 4.
1881. *Lituites teres* Schmidt, ibidem. Bd. 22. pag. 57, t. 2, f. 2.
1882. *Discoceras teres* Schröder, ibidem. Bd. 23. pag. 96.
1885. „*Lituites*" *teres* G. Holm, Paläontologische Abhandlungen. Bd. 3. pag. 10, t. 5, f. 5—8.

Diese Art ist durch Lossen's, Eichwald's und Dewitz's Beschreibungen und Abbildungen hinreichend bekannt.

Der spirale Theil der Schale weist 3 Umgänge und einen weiten Nabel auf. Etwa in der Mitte der Wohnkammer löst sich die Windung von der Spirale ab.

Der Querschnitt der Umgänge ist fast kreisförmig, um ein Geringes höher als breit, mit einer deutlichen dorsalen Einbuchtung, welche auf der Wohnkammer vom hinteren Ende bis zur Mündung geht, jedoch am vorderen Ende der Wohnkammer mehr als eine Abplattung erscheint.

Die Suturlinien bilden auf den Seiten einen schwachen Sinus; auf der Bauchseite verlaufen sie fast gerade mit einer nur geringen Andeutung eines Sinus.

---

1) Revision der ostbaltischen silurischen Trilobiten. pag. 23.
2) l. c. pag. 37.

Der Sipho liegt etwa in der Mitte zwischen Centrum und Dorsalseite.

Die äussere Schale ist mit regelmässigen, gedrängt stehenden, scharfen, blätterigen Anwachsstreifen besetzt, welche gratartig hervortreten und, wenn sie gut erhalten sind, an der Schneide gekräuselt erscheinen. Sie treten mit einer leichten Schwingung auf den Seitentheilen zu einem tiefen Sinus auf dem Bauche zurück. Die Anwachsstreifen werden nach Eschwald von sehr feinen Längsstreifen bedeckt, „qui se voient à peine à la loupe".

Die Oberfläche der bedeutend dickeren inneren Schalenschicht zeigt ebenfalls deutliche und nicht so stark hervortretende Anwachsstreifen, ausserdem sind dieselben glatter und zierlicher als die der äusseren Schalenschicht.

Die Wohnkammer ist mässig lang und würde, wenn man sie sich vollständig an die Spirale angelegt denkt, etwa einen halben Umgang einnehmen.

Die Mündung besitzt entsprechend den Anwachsstreifen der äusseren Schale einen tiefen Ausschnitt auf der Bauchseite, „von welchem der Mundrand, trompetenartig nach aussen gebogen, sich nach vorn vorzieht".

Durch die Untersuchungen Holm's[1]) sind uns auch die innersten Windungen des *Discoceras teres* bekannt. „Die Spirale ist ganz geschlossen, aber durchbohrt. Eine kleine birnförmige Oeffnung entsteht in der Mitte dadurch, dass die 3 auf die Anfangskammer folgenden Luftkammern des ersten Umganges sich nicht hart an die Anfangskammer anlegen." „Die Anfangsspitze ist stumpf. Die abgelöste Anfangskammer ist dünn, niedrig, ziemlich stark gewölbt und muschelähnlich." In ihrem medianen Durchschnitt ist sie „schräg sichelförmig, nach innen, gegen die Mitte der Spirale am breitesten, nach aussen allmählich sich verschmälernd".

„Der Sipho fängt schon an der hinteren Wand der Anfangskammer an. An der Stelle, wo er die hintere Wand berührt, scheint der Sipho keine eigene Wand zu besitzen, sondern nur von der Wand der Anfangskammer begrenzt zu sein. Der Sipho ist in der Anfangskammer etwas erweitert, wird aber durch die erste Kammerwand ein wenig eingeschnürt." „Die Siphonalwand hat in der Anfangskammer dieselbe Beschaffenheit, wie in den übrigen Kammern. Die Kammerwände sind . . . . . zusammen mit den von ihnen gebildeten kurzen Siphonalduten, in dichten Kalkspath verwandelt. Die Wände des Sipho dagegen bestehen aus einer undurchsichtigen thonigen Kalkmasse. Die Lage des Sipho in der Anfangskammer ist übrigens eine ganz andere als in dem Gehäuse. Er ist näher an die äussere Seite der Spirale gerückt." „In der dritten Luftkammer hat er schon seinen späteren normalen Platz, nämlich zu dem inneren Drittel der Kammerbreite. In den beiden dazwischen liegenden Kammern nimmt der Sipho eine intermediäre Lage ein. Er rückt also allmählich von der Aussenseite der Spirale nach der Innenseite herüber."

Die sogenannte Narbe hat Holm nicht auffinden können.

Discoceras teres ist ein bezeichnendes Fossil des Echinosphäritenkalkes und sowohl in Ehstland als in Diluvialgeschieben Norddeutschlands gefunden.

Discoceras Bandonis Remelé.

1890. Untersuchungen über die versteinerungsführenden Diluvialgeschiebe etc. I, 3. t. 3, f. 4 a u. b.

Neuerdings hat Remelé aus einem Geschiebe des graugrünen plattigen Echinosphäritenkalkes von Oderberg eine neue *Discoceras*-Art bekannt gemacht.

Dieselbe gehört zu den grossen Formen. Der Querschnitt der äusseren Windungen ist fast drehrund, nur an der Innenseite flacht er sich etwas ab; die innere Windung hat einen ventral-dorsalwärts zusammengedrückten

---

[1]) Diese Abhandlungen Bd. 3. t. 5. f. 5—8.

Querschnitt. Der Sipho ist sehr gross, wie bei *Discoceras antiquissimum*, und etwas entfernt von der Rückenseite. Die Suturlinien beschreiben den üblichen Lateral- und Ventralsinus. Die Anwachsstreifen erscheinen etwas lamellös und bilden, auf den Seitentheilen schwach bogig rückwärts laufend, einen Sinus auf der Bauchseite.

Discoceras Bandonis steht *Discoceras Danckelmanni* sehr nahe; der einzige wesentliche Unterschied ist wohl der Querschnitt.

Discoceras Danckelmanni REMELÉ.

1845. *Lituites cornu arietis* MURCHISON, VERNEUIL and KEYSERLING. Palaeontology of Russia, pag. 359, t. 25, f. 7.
1880. *Lituites Danckelmanni* REMELÉ, Festschrift für die 50jährige Jubelfeier der Forstakademie Eberswalde. pag. 241, t. 1, f. 7 und 8.
1886. *Discoceras Danckelmanni* REMELÉ, Zeitschrift der deutschen geol. Gesellschaft. Bd. 38. pag. 468.

Diese Art gehört zu den grossen Formen der Gattung. An dem besten, von REMELÉ beschriebenen Exemplar besteht der eingerollte Theil aus mehr als drei Windungen, mit einem Durchmesser der flach genabelten Scheibe von 9 cm. Die Umgänge berühren einander und zeigen auf der Rückenseite einen unbedeutenden Eindruck.

Der Querschnitt ist namhaft höher als breit, an dem grössten Exemplar verhalten sich Höhe zu Breite = 5:3, an anderen = 3:2.

Die Suturlinien beschreiben auf den Seiten einen sehr flachen, nach hinten convexen Bogen, erheben sich auf dem Uebergang von den Seitenflächen zu der Bauchseite etwas nach vorn und beschreiben auf letzterer einen ganz schwach ausgeprägten Sinus.

Der ziemlich grosse Sipho liegt subdorsal; seine Entfernung vom Rücken nimmt mit dem Wachsthum der Umgänge zu.

An der Stelle, wo sich die letzte Suturlinie befindet, löst sich die Wohnkammer in bedeutenderem Maasse als bei *Discoceras antiquissimum* von der Spirale los; dieselbe ist mässig gekrümmt und würde, wenn man sie sich an die Spirale angelegt denkt, etwa $1/_3$ Umgang einnehmen.

Die Oberfläche ist mit gedrängt stehenden, zum Theil etwas gekräuselten Anwachsstreifen bedeckt, welche, der Mündung entsprechend, auf der Ventralseite einen tiefen Sinus bilden.

Discoceras Danckelmanni findet sich in den Geschieben mit *Chasmops macroura*, und dieselbe oder wenigstens eine höchst ähnliche Form in der Jewe'schen und speciell der Kegel'schen Schicht.

Discoceras antiquissimum EICHWALD SP.

1840. *Clymenia antiquissima* EICHWALD, Das silurische Schichtensystem in Ehstland. pag. 115.
1843. *Clymenia antiquissima* EICHWALD, Urwelt Russlands. II. pag. 33, t. 3. f. 16, 17.
1845. *Clymenia antiquissima* DE VERNEUIL, Palaeontology of Russia. II. pag. 361.
1853. *Lituites angulatus* SAEMANN, Palaeontographica. Bd. 3. pag. 166, t. 21, f. 1a—d.
1858. *Lituites (Trocholithes) antiquissimus* Fr. SCHMIDT, Die silurische Formation in Ehstland. pag. 200.
1860. *Clymenia antiquissima* EICHWALD, Lethaea rossica. I, 2. pag. 1301.
1861. *Lituites antiquissimus* F. RÖMER, Fauna von Sadewitz. pag. 62, t. 6, f. 2a—g.

Diese Art ist uns durch die Untersuchungen F. RÖMER's seit langem genügend bekannt.

Die Schale besteht aus 3 bis 4 aneinanderliegenden Umgängen und einer nur durch einen kleinen Zwischenraum von der letzten Windung abstehenden kurzen Wohnkammer, sodass sich nur der vorderste Theil der Schale von der Spirale befreit. Der Nabel ist flach und weit. Der Querschnitt der beiden innersten Umgänge ist fast ebenrund und auf den Seiten ebenso wie auf der Bauchseite gewölbt; mit fortschreitendem Wachsthum wird der Querschnitt jedoch subquadratisch, etwas breiter als hoch; die Bauchseite wird flach, und nur die Seitenflächen bleiben gerundet. Die Rückenseite der Windungen ist etwas eingedrückt.

Die Kammerwandnähte beschreiben in Folge des subquadratischen Querschnittes deutlich ausgeprägte Lateral- und Ventralloben. Die Kammern sind niedrig.

Der Sipho ist ziemlich gross und liegt vollständig dorsal.

Die Schalensculptur besteht aus dichtgedrängten, scharfen Anwachsstreifen, die auf den Seitenflächen einen schwach nach vorn convexen Bogen beschreiben und auf der Bauchseite einen tiefen Sinus bilden. „Nicht immer besteht nun aber die Sculptur der Oberfläche in einfachen Anwachslinien, sondern zuweilen erheben sich die Linien zu deutlich abstehenden und zugleich wellenförmig hin und her gebogenen, niedrigen Lamellen, oder endlich die Schale erhebt sich sogar zu dicken Wülsten mit scharfkantigen Leisten."

Bei einem Durchmesser der Scheibe von ca. 1,30 dm beträgt die Länge der Wohnkammer ca. 1 dm und ist nicht unbedeutend kürzer als die Hälfte eines Umgangs, ja an dem von SAEMANN als *Lituites angulatus* abgebildeten Exemplar beträgt sie ungefähr $1/3$ desselben.

„Unmittelbar vor der Mündung verengt sich die Wohnkammer plötzlich und erscheint namentlich von den Seiten zusammengedrückt. So ist denn auch die Mündung selbst bedeutend höher als breit; dem Verlauf der Anwachsringe entsprechend bildet sie auf dem Rücken einen stark rückwärts gewendeten Sinus." Eine Erweiterung der Mündung etwa wie bei *Trocholites* ist nie beobachtet.

In Ehstland ist *Discoceras antiquissimum* nach SCHMIDT das bezeichnendste Fossil der Lyckholm'schen Schicht (doch auch in der Borkholm'schen gefunden) und nach F. ROEMER sehr häufig in den **Sadewitzer Geschieben**. Ferner findet sich diese Art in den schwarzen Kalken der Halbinsel Herö in **Norwegen**. Nach REMELÉ[1]) kommt eine kleine ungerippte Form des *Discoceras antiquissimum* bereits im Mergelkalk mit *Chasmops macroura* zusammen mit *Discoceras Danckelmanni* vor.

Eurystomites nov. gen.

Schale vollständig in eine Spirale aufgerollt. Mündung erweitert mit einfachem Ventralausschnitt. Sipho centriventral bis ventral.

Im Untersilur Nordamerikas.

Die Vereinigung der beiden von WHITFIELD als *Nautilus Kelloggi* und *Champlainensis* aus dem Untersilur Nordamerikas beschriebenen Formen zu einer neuen Gattung, *Eurystomites*, ist die logische Consequenz der Trennung der sogenannten „imperfecten Lituiten" in zwei Gattungen, *Discoceras* und *Estonioceras*. Wollte man dieselben Arten zur Gattung *Trocholites* wegen des gemeinsamen Merkmales der erweiterten Mündung stellen, so wäre man gezwungen, innerhalb dieser Gattung eine Gruppirung der Arten nach der verschiedenen Lage des Sipho vorzunehmen. Die eine Gruppe würde alsdann diejenigen Formen umfassen, welche wegen ihrer constant dorsalen Lage des Sipho in dieser Abhandlung zur Gattung *Trocholites* gerechnet sind, — die andere enthielte die Arten mit ventralem oder centriventralem Sipho. Aus rein praktischen Gründen würde man alsdann beide Gruppen leichter durch besondere Namengebung auseinanderhalten. Ausserdem sind die Beziehungen der Gattung *Trocholites* zu *Discoceras* einerseits und von *Eurystomites* zu *Estonioceras* andererseits so innige, dass man ein genetisches Verhältniss jeder der beiden Gattungspaare unter sich vermuthen darf. Namentlich aus diesem Grunde musste eine generische Trennung der ventri- und der dorsisiphonaten, mit erweiterter Mündung versehenen Formen stattfinden.

---

1) Festschrift für die 50jährige Jubelfeier der Forstakademie Eberswalde. pag. 243.

Eurystomites Kelloggi Whitfield.

1886. *Nautilus Kelloggi* Whitfield, Bulletin of the American Museum of Natural History. I. 8. pag. 328, t. 30, f. 1 u. t. 31, f. 4 u. 5.

Whitfield bildet von dieser Art ein vollständiges Individuum und zwei Fragmente ab.

Das l. c. t. 30, f. 1 abgebildete Individuum ist nahezu vollständig mit einem Theil des Mündungsrandes erhalten und ein ausgezeichnetes, grosses Exemplar. Jedoch passt auf dasselbe die Beschreibung Whitfield's „shell, so far as known, only of very moderate proportions, the largest specimen yet observed being only two and three eights inches in its greatest diameter, and consisting of about three and a half volutions" nur zum Theil; die Angabe der Grössenverhältnisse kann sich nicht auf dieses Individuum beziehen, während die Anzahl der Windungen in Abbildung und Beschreibung übereinstimmt. In letzterer Beziehung weicht die Beschreibung jedoch wieder von dem anderen, unvollständig erhaltenen, t. 31, f. 4 abgebildeten Individuum ab. Man befindet sich daher bei der Beurtheilung der Charakteristik des „*Nautilus Kelloggi*" in einem Dilemma, aus dem man sich nur durch die Annahme retten kann, dass Whitfield ausser den abgebildeten noch andere Individuen vorgelegen haben, die er bei der Beschreibung besonders berücksichtigte. Da jedoch das t. 30, f. 1 dargestellte Exemplar so ausgezeichnet erhalten ist, dass es zur Definition einer Species vollständig genügt, und ausserdem Whitfield in der Tafelerklärung dasselbe als „type specimen" bezeichnet, so wird man nicht fehlgehen, wenn man bei der Charakteristik dieser Art diese Abbildung besonders berücksichtigt.

Hiernach ist *Eurystomites Kelloggi* wenigstens innerhalb der $3^1/_2$ sichtbaren jüngeren Windungen in geschlossener Spirale aufgerollt, und auch der jüngste Theil der Schale — man kann aus der Erweiterung der Mündung schliessen, dass an dem abgebildeten Individuum das Wachsthum abgeschlossen war — löst sich nicht von den älteren Theilen los. Der grösste Durchmesser der ganzen Scheibe beträgt ca. 160 mm, die Art gehört also zu den grossen Vertretern der ganzen hier betrachteten Formengruppe. Die Windungen nehmen schnell an Grösse zu und sind gerundet; im Querschnitt sind sie um ein Geringes höher als breit und auf der Innenseite etwas von den vorhergehenden Windungen eingedrückt.

Die Kammerwände stehen mässig weit von einander ab und nehmen allmählich in der Entfernung von einander gemäss dem Grössenwachsthum der Schale zu; sie sind nicht sehr tief concav, aber etwas mehr in dorsiventraler als in seitlicher Richtung, eine Eigenthümlichkeit, welche den Kammerwandnähten eine concave oder rückwärts gerichtete Biegung auf den Seiten der Windungen giebt.

Der Sipho ist ziemlich weit und liegt ventral um seine eigene Dicke von der äusseren Schale entfernt. Letztere ist ziemlich dick; ihre Oberfläche ist mit feinen, glatten, fadenartigen Anwachsstreifen geziert, welche sich auf den Seitentheilen stark rückwärts biegen und einen ziemlich breiten, aber nicht tiefen Sinus auf dem gerundeten Bauch bilden. Die Wohnkammer ist nahezu eine halbe Windung lang. Der Verlauf des Mündungsrandes wird jedenfalls dem der Anwachsstreifen entsprochen haben; sie war erweitert, wie aus der Abbildung direct hervorgeht und auch die auf der Wohnkammer vorhandenen Einschnürungen beweisen.

Whitfield bringt *Eurystomites Kelloggi* mit *Lituites* (*Nautilus*) *undatus* Conrad (Hall, Palaeontology of New-York. I. t. 13, f. 1 u. t. 13 bis f. 1) in Beziehung und stellt ihn zu *Nautilus*, „as we have no evidence as yet for supposing either this or *Lituites undatus* ever becomes free at the outer part, as in *Lituites*".

Eurystomites Kelloggi stammt aus dem Birdseye Limestone von Fort Cassin am Lake Champlain. Diese Schichten folgen direct über dem Chazy-Limestone, der von Fr. Schmidt mit dem Vaginatenkalk Russlands verglichen wird.

Eurystomites Champlainensis Whitfield.

1886. *Nautilus ? Champlainensis* Whitfield, Bulletin of the American Museum of Natural History. I. 8. pag. 329, t. 31, f. 1 u. 3.

Die Schale ist scheibenartig, — bei erweitertem Mündungsrande — in geschlossener Spirale aufgerollt und besitzt einen sehr weiten Nabel. Die äusseren Windungen umfassen die inneren nur in einem kleinen Theil ihres Umfanges, meist nicht mehr als $1/_3$ desselben. Die Windungen, von denen ca. $3^1/_2$ vorhanden sind, sind schlank, fast kreisrund im Querschnitt, bis auf den Ausschnitt auf der inneren Seite und eine sehr flache, kaum bemerkbare Abplattung auf der Aussenseite. Die Kammerwände stehen dicht und sind mässig concav; die Suturlinien laufen fast geradlinig über die Windung, wenn sie nicht verdrückt sind, sind an der Innenseite ein wenig vorgezogen und sehr wenig niedergedrückt auf der Bauchseite. Der Sipho ist von mässiger Grösse und liegt centriventral. Die Schalenoberfläche ist mit mässig starken Anwachsstreifen geziert, die, nach hinten gerichtet, die Suturlinien kreuzen und auf dem Bauch einen breiten, tiefen Sinus bilden. Die Wohnkammer ist $1/_2$ Umgang lang und besitzt einen stark erweiterten Mündungsrand.

Whitfield stellt seinen *Nautilus ? Champlainensis* in Beziehung zu seinem *Lituites ? Seelyi* [1]). Neben einigen geringeren Unterschieden ist nach ihm der bedeutsamste die erweiterte Mündung.

Eurystomites Champlainensis Whitfield ist ebenfalls im Birdseye-Limestone von Fort Cassin am Lake Champlain gefunden.

Estonioceras Nötling 1883.

— *Lituites* auct. ex parte — *Discoceras* Schröder ex parte — *Discoceras* Angelin ex parte — *Falcilituites* Remelé.

Schale scheibenförmig; Umgänge nur zum Theil einander berührend. Wohnkammer ganz oder zum Theil von der Spirale gelöst. Mündungsrand einfach mit Ventralausschnitt. Sipho subventral bis centriventral, ausnahmsweise central.

In unteren Untersilur-Schichten (Niveau des Vaginatenkalkes Fr. Schmidt's) Nord-Europas und Nordamerikas.

Die Gattung *Estonioceras* wurde von Nötling 1883 aufgestellt und als deren Typus *Estonioceras lamellosum* angenommen. Nach seinen mir vorliegenden Notizen wollte er ausserdem *Lituites falcatus*, *ariensis*, *Decheni*, *Müllaueri* in diese Gattung aufgenommen wissen. *Lituites heros* Remelé ist in seinem Manuscript nicht vorhanden, er hat diese Art wohl für ident mit *E. imperfectum* gehalten. Nötling's damalige Fassung deckt sich also mit meiner Fassung der Gattung *Estonioceras* in weiterem Sinne; ein Unterschied besteht nur insofern, als ich noch den alten *Lituites falcatus* als *Planetoceras* nov. subgen. abgetrennt habe. Diese Untergattung ist mit der Hauptgattung eng verwandt durch die Lage und den Bau des Sipho, den Verlauf der Anwachsstreifen und des Mündungsrandes. *Planetoceras* unterscheidet sich wesentlich nur durch die vollständige Evolution des Gehäuses.

---

[1]) Ueber die generische Stellung dieser Species kann ich mich nicht entscheiden. Die Beschreibung und Abbildung Whitfield's (l. c. pag. 329, t. 32, f. 3 und t. 31, f. 2) genügen hierzu nicht.
[2]) Jahrbuch der kgl. preussischen geol. Landesanstalt und Bergakademie für 1882, pag. 275.

— 29 —

REMELE¹) glaubt, dass die Gattung *Estonioceras* NÖTLING von seinem *Falcilituites* (Typus *Lituites Decheni*) „streng" geschieden sei: „durch die grosse Spiralscheibe, an der der äussere Umgang sich nur sehr allmählich und in geringem Maasse absondert, durch die bereits innerhalb des Gewindes beginnende lange Wohnkammer und namentlich durch die ganz eigenthümliche Streifung der unteren Schale, während gleichzeitig die Sculptur der Oberfläche im Lauf der feinen Anwachslinien abweicht."

Hierzu habe ich zunächst zu bemerken, dass aus der Gattung *Falcilituites*, zu der *Lituites Decheni, heros* und *Müllaueri* gerechnet werden, bei Anerkennung der Gattung *Estonioceras* die Species *heros* entfernt werden müsste; dieselbe steht der Gestalt der inneren Windungen und überhaupt dem ganzen Habitus nach dem Formenkreise des *Estonioceras imperfectum* so nahe, dass eine Trennung von demselben unmöglich ist.

Betrachtet man nun die engere Gruppe des *Estonioceras imperfectum* (*Estonioceras ariense*, **perforatum**, *heros*), so erreicht die Entrollung hier sehr verschiedene Grade; *Estonioceras ariense* stellt das Extrem dar und kommt in dieser Beziehung *Falcilituites Decheni* REMELE nahe. Trotzdem ist es wegen der engen Beziehungen von *Estonioceras ariense* zu den anderen Species unstatthaft, diese Species aus dem Verband der Gruppe des *E. imperfectum* auszuscheiden.

Als besonders unterscheidend hebt REMELE ferner die eigenthümliche Streifung der inneren Schalenmembran bei *Estonioceras* hervor. Die Bedeutung dieses Merkmales sinkt ganz ausserordentlich durch die Thatsache, dass wir von den wenigsten Cephalopoden die Oberflächensculptur beider Schalenmembranen und namentlich auch nicht von „*Lituites*" *Decheni* und *heros*, auf die es hier ankommt, kennen; wer weiss, ob diese Species nicht die gleiche Sculptur der inneren Schalenmembran besitzen? Bemerken will ich noch, dass dieselbe bei *Discoceras teres* und *Planctoceras falcatum* beobachtet wurde; das Auftreten einer feinen Sculpturirung der inneren Schalenmembran ist also in verschiedenen Gattungen verbreitet.

Was den dritten Punkt, den Verlauf der Anwachsstreifen, betrifft, so darf dieser Unterschied doch nur als Species-Character verwerthet werden. Bei *Estonioceras Decheni* schneiden die Anwachsstreifen mit ihrem tiefen Bauchsinus die Suturlinien²); bei *Estonioceras imperfectum* laufen die Anwachsstreifen den Suturlinien fast parallel; in einem, wenn auch stumpferen Winkel schneiden die Anwachsstreifen die Suturlinien fast stets. Es sind eben bei den verschiedenen Species graduelle Unterschiede in der Tiefe des Bauchsinus vorhanden.

Falcilituites REMELE ist aus obigen Gründen neben *Estonioceras* unhaltbar; die letztere Bezeichnung hat als die ältere den Vorrang.

Mit einigen Worten muss ich hier noch auf den Bau des Sipho und der Anfangskammer eingehen.

Wie aus dem Anschliff Taf. IV [XXVII], Fig. 7 hervorgeht, ist der Sipho von *Estonioceras* keineswegs holochoanoid, wie etwa bei der Gattung *Endoceras*. Vielmehr kann man aufs deutlichste an der Umkleidung des Sipholumens in jeder Kammer 2 Theile unterscheiden: einen vorderen, der als die Umbiegung des Septum nach hinten erscheint, die Siphonaldute, und einen hinteren, welcher die Siphonaldute mit dem vorhergehenden Septum verbindet. Der vordere Theil ist späthig und gleicht in seiner Masse vollständig dem Septum, der hintere Theil dagegen besitzt ein erdiges Aussehen und entspricht jedenfalls der hornig-kalkigen Scheide des Sipho bei *Nautilus*. Der Sipho von *Estonioceras* ist also im Allgemeinen ebenso gebaut wie bei regulären Orthoceratiten, im Speciellen existirt nur der Unterschied, dass bei *Estonioceras*, ebenso wie bei seinen Verwandten, der hornigkalkige Theil des Sipho stets vorhanden ist, ein Fall, der bei *Orthoceras* nur bei zufällig guter Erhaltung aller inneren Theile beobachtet ist. Eine Erklärung dieses Verhaltens mag darin zu finden sein, dass bei den *Trocho-*

---

1) Untersuchungen über die versteinerungsführenden Diluvialgeschiebe etc. I. 3. pag. 97 und 26.
2) REMELE, l. c. I. 3. pag. 26.

litidae in dem hinteren Theil der Siphoscheide mehr anorganische Substanz abgelagert wurde, welche bei der Verwesung die Auflösung derselben verhinderte.

Die Anfangskammer, Taf. IV [XXVII], Fig. 5, ist ein kegelförmiges Näpfchen, auf dessen Oberfläche keine Spur einer Narbe sichtbar ist. Holm hat bei *Discoceras teres* ebenfalls keine Narbe gefunden. Es scheinen sich die *Trocholitidae* von den *Nautilidae* (im engeren Sinne) durch das Fehlen dieser eigenthümlichen Durchbohrung der Anfangskammer auszuzeichnen [1]).

Estonioceras perforatum n. sp.

Taf. III [XXVI], Fig. 1 a—c; Taf. IV [XXVII], Fig. 1 a.

Estonioceras perforatum stellt in mancher Hinsicht das Extrem der fünf zur Gruppe des *Estonioceras imperfectum* gehörigen Arten dar.

Die Durchbohrung des Nabels ist sehr stark ausgebildet, sowohl der centrale, als auch der schwanzartige Theil derselben sind sehr gross, was dadurch bedingt ist, dass einerseits die einander berührenden Umgänge mittleren Alters einen weiten centralen Raum zwischen sich lassen und andererseits die ältesten Windungen sehr stark gekrümmt sind.

Die Zahl der Umgänge beträgt $2^{3}/_{4}$, wovon $^{3}/_{4}$ Windung im Innern frei daliegen und etwa $^{3}/_{8}$ bei Beendigung des Wachsthums sich von der Spirale loslösen. Der übrige Theil der Schale ist in geschlossener Spirale aufgerollt; derselbe zerfällt jedoch dem Querschnitt nach noch in 2 Abschnitte.

Der Querschnitt der innersten, vollständig freien Umgänge ist querlanzettlich, mit deutlich ausgeprägten seitlichen Kanten. In den ersten Luftkammern, deren Breite die Höhe nur wenig übertrifft, sind diese Kanten mehr gerundet; mit sehr rasch zunehmendem Breitenwachsthum treten sie jedoch immer stärker hervor. Die

		Höhe	Breite	Index
I.	An der ersten Kammerwand	4,5 mm	6,5 mm	1,44
	" " " fünften "	7,5 "	13 "	1,73
	Bei $^{3}/_{4}$ Umgang	9,5 "	19,5 "	2,05
	" $1^{1}/_{4}$ "	12 "	22,5 "	1,88
	" $1^{3}/_{4}$ "	17 "	32 "	1,88
	" $2^{1}/_{4}$ " am Ende der Spirale	23 "	35,5 "	1,54
	Im gestreckten Theil, vorne	27 "	37,5 "	1,35
II.	Ca. bei $^{1}/_{2}$ Umgang	7,5 "	18 "	2,4
	" " 1 " "	10,5 "	22 "	2,1
	" " $1^{1}/_{2}$ "	14 "	27,5 "	1,95
	" " $2^{1}/_{2}$ " kurz hinterm Ende der Spirale	20 "	30 "	1,5
	Im gestreckten Theil, hinten	24 "	32 "	1,33
III.	Bei ca. $^{3}/_{4}$ Umgang	9 "	19 "	2,1
	" " 1 " "	12 "	22,5 "	1,88
	" " $1^{1}/_{2}$ "	15 "	27 "	1,8
	" " $1^{3}/_{4}$ "	17 "	31 "	1,8
	" " $2^{1}/_{4}$ "	23,5 "	35,5 "	1,5
	Kurz hinter dem Verlassen der Spirale	25 "	35 "	1,4

---

[1]) Vergl. Steinmann und Döderlein, Elemente der Paläontologie, p. 366. — Ich kann in dieser Abhandlung nicht weiter auf die Beziehungen beider Familien zu einander eingehen, da hierzu eine völlige Neubearbeitung des Systems der *Nautiloidea* erforderlich wäre.

ventrale Umgrenzung des Querschnitts ist sehr viel stärker gekrümmt als die dorsale, sodass eine Verbindungslinie der seitlichen Kanten, in welchen sich beide treffen, dorsalwärts von dem idealen Mittelpunkt des Querschnitts zu liegen kommt. Da das Höhenwachsthum mit dem Breitenwachsthum nicht gleichen Schritt hält, so ist die Breite am Ende der ersten und am Anfang der zweiten Windung mehr als doppelt, oder doch nahezu doppelt so gross als die Höhe.

Die seitlichen Kanten der inneren Umgänge verlieren allmählich an Schärfe; die Seitentheile runden sich, und aus dem quer-lanzettlichen Querschnitt wird ein flach-elliptischer.

Von dem Punkte an, wo sich die inneren Windungen mit ihrer Bauchseite an die Rückenseite der äusseren Windungen anlegen und sich in dieselben in einer ziemlich breiten Zone etwas einsenken, tritt wiederum eine Aenderung des Querschnittes ein. Derselbe ist zuerst deutlich nierenförmig mit convexer Aussen-, concaver Innenfläche und gerundeten Seitenflächen. Die Einsenkung der Dorsalseite ist sehr breit: bei einer Breite des Umganges von 28 mm nimmt sie 14 mm derselben ein. Je weiter nach vorn, desto mehr verliert sich wieder die Nierenform des Querschnittes; statt dessen erscheint eine elliptische Gestalt mit einer schwachen Einbiegung der Dorsalseite. Dieselbe verschwindet vollständig, sobald sich das Gehäuse von der Spirale ablöst; der Querschnitt ist in dem freien, äusseren Arm rein flach-elliptisch. Der Breitenindex ist mit zunehmendem Alter langsam von 2 auf ca. 1,3 gefallen.

Die Convexität der Septa ist im Laufe der individuellen Entwickelung einer Wandelung unterworfen. In den innersten Windungen sind die Kammerwände sehr bedeutend convex, und zwar zeigen sie sich in viel höherem Grade von der Bauch- nach der Rückenseite als von rechts nach links gekrümmt; der höchste Grad der Krümmung liegt der Rückenseite genähert. Mit zunehmendem Alter wird die Differenz kleiner, und in der letzten Windung nähert sich die Wölbung der Kammerwände der Gestalt einer Kugeloberfläche. — In Folge der geringen Involution des geschlossen-spiralen Abschnittes der Umgänge sind die Kammerwände in der Mitte der Rückenfläche randlich zu einem flachen Dorsallobus nach hinten ausgezogen.

In Folge der Veränderungen, welchen die Involubilität der Schale, der Querschnitt der Umgänge und die Wölbung der Kammerwand im Laufe der Entwickelung eines Individuums unterworfen ist, haben auch die Kammerwandnähte je nach den Altersstadien der Windungen einen verschiedenartigen Verlauf. Innerhalb des Anfangstheiles beschreiben dieselben einen sehr flachen, nach vorn offenen Bogen auf der Ventralfläche und eine fas gerade Linie auf der Dorsalfläche, jedoch liegt letztere, weil die stärkste Wölbung der Kammerwand der Rückenseite genähert ist, auf die Axe des Umgangs bezogen, weiter nach vorn, ja sie wird an einem Exemplar zu einem flachen Sattel nach der Mündung vorgezogen. Allmählich bildet sich alsdann in den sehr flach-lanzettlichen Kammern auch auf der Rückenfläche ein flacher, nach vorn offener Bogen aus, sodass der dorsale und ventrale Theil der Suturlinien im Allgemeinen in einer Ebene liegen, dagegen die Seitentheile in den scharfen Längskanten der Windung nach vorn vorgezogen erscheinen. Der Bogen der Bauchseite hält bis in die höchsten Altersstadien in gleicher Tiefe aus; derjenige der Rückenseite wird jedoch zu einem beträchtlich tiefen und breiten Dorsallobus, sobald sich die Rückenseite der inneren an die Bauchseite der äusseren Windung anlegt; der ventrale Theil der Suturlinien tritt gegen den dorsalen sehr weit nach hinten zurück. Der Dorsallobus verliert dann im Laufe der weiteren Entwickelung sowohl an Breite als an Tiefe im Verhältniss der Loslösung des letzten Umganges von der Spirale.

Die Luftkammern sind sehr zahlreich. Bei einer durchschnittlichen Breite eines 20 mm langen (auf der Bauchseite gemessen) Umgangsstückes von 20 mm zählte ich 7 Kammern. An einem anderen Stück kommen auf eine Länge von 70 mm bei einer Breite von 30 mm etwa 12 Kammern. Die Höhe der Luftkammern schwankt auch bei gleich grossen Individuen etwas. Die Ansatzringe der Kammerwände an der äusseren Schale reichen von Kammerwand zu Kammerwand und bilden so eine zusammenhängende Schicht, die ausser den zwei Lagen der äusseren Schale das Lumen der Luftkammern nach aussen abschliesst. Die Oberfläche dieser Septalschicht[1]) zeigt sehr feine Querlinien, die möglicherweise auch durch Corrosion entstanden sein können und keine eigentlichen Sculpturen sind. An den Flanken der Bauchseite verlaufen spiral angeordnet mehrere 1—3 mm breite Bänder, die durch ihre schwarze Färbung von dem Braun der Schale abstechen. Ihr Wesen ist mir nicht erklärlich, da man sie doch, als den Septalringen angehörig, wohl nicht für Spuren einer ehemaligen Färbung halten kann.

Der Sipho liegt der Bauchseite sehr genähert; seine Entfernung von dem Centrum ist je nach dem Querschnitt der Windungen verschieden. Seine Beziehung zum Bauch ist eine viel innigere; er scheint sich von ihm immer in einer Entfernung zu halten, die dem Grössenwachsthum der ganzen Schale entspricht. Nur in den innersten Windungen scheint sich der Sipho etwas mehr dem Bauch zu nähern.

Die Schale ist ausserordentlich stark und besteht aus zwei Lagen, von denen die äussere meistens fehlt oder doch stark corrodirt ist. Sie zeigt deutlich feine Anwachsstreifen, die auf der Bauchseite einen flachen, gleichmässig gerundeten Sinus beschreiben. In ungleichen Abständen tritt einer oder der andere lamellöse Anwachsstreifen etwas stärker hervor, und dadurch entsteht eine Art Ringelung. Sehr viel zierlicher ist die Oberfläche der sehr viel dickeren inneren Schalenlage sculpturirt. Die Anwachslinien, welche einen gleichen Verlauf wie diejenigen der äusseren Schalenschicht besitzen, sind sehr viel feiner und stehen dichter gedrängt; ausserdem ist die Oberfläche sehr zierlich gekräuselt durch kleine Fältchen, in welche die Anwachsstreifen senkrecht zu ihrem Verlauf gelegt sind. Als drittes Sculpturelement kommen hierzu feine Spirallinien, die an dem abgebildeten Exemplar namentlich auf den Flanken und der Mitte der Bauchseite deutlich sind.

Diese oben geschilderte Oberflächensculptur der inneren Schalenmembran ist durchaus nicht so auffällig, als es von vornherein erscheinen mag. Ich erinnere an die regelmässigen Sculpturen, die von DEWITZ[2]) bei *Discoceras teres* und von ANGELIN und mir bei *Estonioceras lamellosum* und *imperfectum* und bei *Planctoceras falcatum* beobachtet sind.

Die kleinen Fältelungen der Anwachsstreifen und die Spiralstreifen treten gegenüber dem Anwachsstreifen selbst sehr an Bedeutung zurück und sind, wenn auch nicht auf der inneren Schalenlage, so doch auf der äusseren auch bei *Trocholites ammonius* und *Damesii* in ähnlicher Weise beobachtet. Ferner erwähnt auch EICHWALD an *Discoceras teres* feine Spirallinien.

Die Wohnkammer besitzt, denkt man sich dieselbe an die Spirale angelegt, eine Länge von $^1/_3$ bis $^1/_2$ Umgang. Je nachdem die Individuen älter oder jünger sind, löst sie sich ganz oder nur mit dem vorderen Ende von der Spirale ab. Mehrere mir vorliegende Wohnkammern zeigen noch auf das deutlichste die tiefe Einsenkung der Rückenseite, die durch die Bauchseite der vorhergehenden Windung verursacht wird. An anderen reicht dieselbe nicht weit nach vorn, und die Wohnkammer nimmt sehr bald den rein flach-elliptischen Querschnitt (Taf. III [XXVI]. Fig. 1 e) an, der *Estonioceras perforatum* von den anderen Arten derselben Gruppe unterscheidet. Eine sehr grosse Wohnkammer besitzt überhaupt keine Einsenkung auf der Bauchseite, und ihr ehemaliges Vorhandensein auf den älteren Windungen wird nun dadurch angegeben, dass die letzte Suturlinie einen schwachen Ventrallobus aufweist. Die Anwachsstreifen sowohl der äusseren als inneren Schalenmembran bilden einen breiten, nicht sehr tiefen Sinus auf der Bauchseite und verlaufen über die Rückenseite fast geradlinig mit einer schwachen Hervorwölbung nach vorn. In gleicher Weise war jedenfalls der Mündungsrand gestaltet, der an keinem der Stücke unversehrt erhalten ist.

---

1) Wenn NÖTLING (Zeitschrift der deutschen geol. Gesellschaft. Bd. 34. 1882. pag. 176) und REMELÉ (l. c. I. 3. pag. 61) die Septalschicht einfach als dritte Schalenschicht bezeichnen, so ist das aus morphologischen Gründen unzulässig. Einerseits hat sie im Bau der Schale eine ganz andere Bedeutung als die äusseren Schalenlagen, andererseits reicht sie bei vielen Cephalopoden, z. B. bei *Nautilus* selbst, nicht von Septum zu Septum und bildet daher keine zusammenhängende Lage, drittens endlich fehlt sie der Wohnkammer vollständig.

2) Schriften der physikalisch-ökonomischen Gesellschaft zu Königsberg i. Pr. Bd. 20. pag. 117, t. 4, f. 4c.

Betreffs der Breite der Windungen erinnert *Estonioceras perforatum* an *Estonioceras lamellosum* His., unterscheidet sich aber **durch die weite Durchbohrung des Nabels.** Nach den Abbildungen HISINGER's und ANGELIN's zu urtheilen, schliessen **auch die inneren Windungen**, abgesehen von einer jedenfalls auch hier vorhandenen kleinen Durchbohrung des Nabels, **bei *Estonioceras lamellosum*** dicht aneinander, was bei *Estonioceras perforatum* durchaus nicht der **Fall ist.** Zudem ist die Zunahme der Windungen an Grösse von den innersten ab bei *Estonioceras lamellosum* eine mehr allmählich fortschreitende, während dieselbe bei *Estonioceras perforatum* **an den innersten sehr** bedeutend **erscheint,** an den äusseren dagegen gering **ist.** Die HISINGER'sche Species besitzt in Folge dessen einen mehr in sich geschlossenen und massigeren Habitus. Die Windungen von *Estonioceras lamellosum* besitzen ferner in keinem Altersstadium einen breit-nierenförmigen Querschnitt, da die Involution eine geringere ist. Bemerkenswerth ist ferner, dass ANGELIN bei *Estonioceras lamellosum*, obwohl er Individuen mit 10 cm Horizontaldurchmesser vor sich gehabt hat, nur von geschlossener Spirale spricht bei einer Grösse, in welcher *Estonioceras perforatum* längst evolut geworden **ist.**

Von *Estonioceras keros* REM., *ariense* SCHMIDT, *imperfectum* QUENST. ist *Estonioceras* **perforatum** ebenfalls durch die weite Durchbohrung des Nabels verschieden, ferner durch den **Querschnitt der Wohnkammer,** der bei diesen Formen nie **die breit-elliptische Form des *Estonioceras perforatum*** annimmt.

Estonioceras lamellosum HISINGER sp.

1837. *Lituites lamellosus* HISINGER, Lethaea suecica, pag. 27, t. 8, f. 7.
1880. *Discoceras lamellosum* ANGELIN-LINDSTRÖM, Fragmenta silurica, pag. 10, t. 10, f. 3, 4, 5[1]).

Auf diese, von HISINGER und ANGELIN abgebildete und beschriebene Species vermag ich, vorausgesetzt, dass beide Autoren wirklich die gleiche Species vor sich gehabt haben, mit Sicherheit nur ein Individuum aus dem rothen Vaginatenkalk Ehstlands zu beziehen. Dasselbe zeichnet sich durch ausserordentliche Plumpheit vor allen mir vorliegenden Stücken aus.

2$\frac{1}{2}$ Windungen sind an demselben **erhalten:** $\frac{1}{5}$ Windung ist Wohnkammer. Die Umgänge schliessen bis auf eine nur enge centrale Durchbohrung **aneinander; nur am äussersten Ende der nicht ganz vollständigen Schale scheint** sich die Wohnkammer ein **wenig von** der Spirale loszulösen. Die Windungen nehmen ziemlich **schnell, aber gleichmässig an Grösse zu,** sodass sie einen mässig tiefen Nabel **einschliessen.**

Der Querschnitt **ist nach einem** ganzen Umgang querlanzettlich **mit stärker gerundeter Dorsalseite und deutlichen** seitlichen Kanten. **Die Höhe** beträgt hier ca. 10 mm, **die Breite 20,5 mm.** Im Laufe der weiteren **individuellen** Entwickelung **runden sich die** Kanten; der Querschnitt **bleibt aber zunächst sehr niedrig flach-elliptisch, denn bei** ca. 1$\frac{1}{2}$ Umgang **maass** ich **die Höhe zu 14 mm, die Breite zu 28 mm. Die jüngeren Windungen werden auf** der Dorsalseite **von dem** älteren Windungen **etwas eingedrückt, jedoch nie in dem Grade, dass der Querschnitt** breit-nierenförmig wird, wie bei ***Estonioceras perforatum*. Erst in höherem Alter erhöhen sich die Windungen etwas, doch überwiegt auch am Grunde der Wohnkammer die Breite bedeutend; die Höhe beträgt hier** etwa 30 mm, **die Breite 40 mm.**

Der Sipho liegt subventral.
Die Kammernahtlinien stehen sehr dicht.

---

[1]) In der Tafelerklärung ist f. 5 als *Discoceras convolvens* aufgeführt, scheint aber zu *Estonioceras lamellosum* zu gehören; t. 10, f. 12 ist in der Tafelerklärung als zu *Discoceras lamellosum*, im Text zu *Discoceras convolvens* gehörig angegeben.

Paläont. **Abh.,** N. F. I. (der ganzen Reihe V.) **Bd., Heft 4.**

Die obere Schalenlage zeigt in Folge von starker Corrosion keine Sculptur. Die innere Membran besitzt die feinen, sehr zierlichen Anwachsstreifen, die auf der Ventralseite einen flachen, sehr breiten Sinus beschreiben.

Ueber die Länge der Wohnkammer, ihr Verhalten zur Spirale, den Mündungsrand u. s. w. vermag ich nichts zu sagen; nur so viel lässt sich mit einiger Sicherheit behaupten, dass die Wohnkammer sich nur wenig von der Spirale abgelöst hat. Soweit sie an dem vorliegenden Stück erhalten ist, besitzt sie an ihrem Grunde einen elliptischen Querschnitt mit flacher Dorsal- und gerundeter Ventralseite.

Die beiden in der Literatur unter den Namen: „*Lituites*" *lamellosus* und *convolvens* gehenden Arten, unter welch' letzterer Bezeichnung in fast allen Fällen *Estonioceras imperfectum* QUENST. zu verstehen ist, sind von den meisten Autoren, z. B. BRONN, zusammengeworfen worden. *Estonioceras lamellosum* ist jedoch sehr viel massiger und plumper gebaut, die Umgänge sind breiter und niedriger.

Das Verhältniss von *Estonioceras lamellosum* zu *perforatum* habe ich bei letzterer Species besprochen.

Estonioceras heros REMELÉ sp.

Taf. V [XXVIII], Fig. 1 a—d.

1880. *Lituites heros* REMELÉ, Festschrift für die 50jährige Jubelfeier der Forstakademie Eberswalde. pag. 237, t. 2, f. 2 a—c.

1890. *Palaeolituites heros* REMELÉ, Untersuchungen über die versteinerungsführender Diluvialgeschiebe etc. I. 3. pag. 101.

Die Durchbohrung des Nabels ist ausserordentlich klein; die Windungen legen sich sofort aneinander. In Folge dessen erhält die Rückenfläche bereits innerhalb der ersten Windung eine flache, nicht sehr breite Einbiegung, die, in ihrer Breite und Tiefe gering bemessen, bis ins Alter innerhalb der Spirale beibehalten wird und nur im gestreckten Theil verloren geht. Bei einer Breite des Umgangs von 35 mm und 25 mm hat sie eine Breite von 12 bez. 8,5 mm.

Die Gestalt des Querschnittes der Windung bleibt auch während der ganzen individuellen Entwickelung ziemlich gleichmässig eine reine Ellipse, deren Innenfläche etwas abgeplattet ist. Die seitlichen Kanten sind nur an der innersten Windung undeutlich ausgeprägt; im Uebrigen sind die Seitentheile der Umgänge stark gerundet. Die Axen derselben verhalten sich in den Anfangskammern wie 1 : 1,5; das Verhältniss steigt dann schnell zu Gunsten der Breite auf 1 : 1,7 und fällt langsam zu 1 : 1,2, welches Verhältniss in dem gestreckten Theil erreicht wird, herab.

		Höhe	Breite	Index
An den ersten Kammern		5 mm	7,5 mm	1,5
Bei 1¼ Umgang		14 „	24 „	1,7
„ 1¾ „		20 „	29 „	1,45
„ 2⅛ „		27 „	35 „	1,3
„ 2½ „	am Anfang der Wohnkammer	29 „	40 „	1,38
„ 2¾ „	in der Nähe der Mündung	33 „	39 „	1,18

Der Sipho ist ziemlich gross und liegt zwischen Centrum und Bauchseite, letzterer genähert. Die Luftkammern sind von mittlerer Höhe; bei einer Breite der Kammer von 24 mm mass ich auf der Bauchseite 4,5 mm. Bei einer Breite von 40 mm sind sie ca. 7 mm hoch. Die Suturlinien verlaufen viel geradliniger als bei *Estonioceras lamellosum*; der Sinus der Bauchseite ist sehr flach und der Dorsalsinus deutlich, aber nicht stark ausgeprägt.

Spiraler und gestreckter Theil bestehen aus 2¾ Umgang, wovon auf den letzteren ⅓ bis ½ Windung kommt, wenn man sich den gestreckten Theil an die Spirale angelegt denkt; der Durchmesser der Spirale beträgt 100 bis 120 mm.

Der gestreckte Theil wird an dem vollständig erhaltenen Individuum ganz von der Wohnkammer eingenommen. Die Rückenfläche ist daher fast eben; an anderen Exemplaren, an denen die Wohnkammer sich noch nicht vollständig gestreckt hat, bemerkt man am Ende derselben noch einen schwachen Eindruck der vorhergehenden Windung. Die Seitentheile und die Bauchseite sind stark gerundet.

Die Schale ist an den 3 mir aus dem Vaginatenkalk Russlands vorliegenden Exemplaren stark corrodirt, jedoch kann man an einzelnen Stellen Anwachsstreifen unterscheiden, die auf der Bauchseite einen flachen und breiten Sinus beschreiben. Auf den Flanken eines Exemplars und der Dorsalfläche der Wohnkammer eines andern bemerkt man Querrunzeln in unregelmässigen Abständen von durchschnittlich 3 mm, dieselben dürften jedoch nicht der Querringelung anderer Cephalopoden gleich zu stellen, sondern vielmehr dadurch entstanden sein, dass die Absonderung der äusseren Schalenmembran im Alter nicht gleichmässig vor sich gegangen ist, sondern ruckweise. Die Höhe einer Runzel entspricht der stärksten Absonderung, die dann etwas nachliess, um wieder in neuer Stärke aufzutreten und den folgenden Ring zu bilden. Auf der Rückenseite der Wohnkammer liegen die Querrunzeln nach der Mitte zu etwas nach hinten zurück und lassen eine glatte mediane Fläche zwischen sich. Diese Andeutung eines dorsalen Sinus der Anwachslinien verschwindet nach der Mündung zu fast vollständig.

Der Mündungsrand selbst zeigt den flachen Sinus der Bauchseite, die übrigen Theile derselben sind nicht genügend erhalten, nur so viel lässt sich beobachten, dass der Mündungsrand dorsal viel weiter nach vorn hervortritt als ventral. Kurz hinter demselben ist der Steinkern der Wohnkammer an einem Exemplar auf der Bauchseite eingeschnürt, was jedenfalls nur als die Folge einer Verdickung der inneren Schalenlage aufzufassen ist.

Die Uebereinstimmung drei mir vorliegender Exemplare mit dem von REMELÉ als *Lituites heros* beschriebenen scheint mir so vollständig, dass ich sie zu derselben Species ziehe. Die Gestalt des Querschnittes, sein Breiten- und Höhenverhältniss, die Involution, die Grösse der Spirale stimmen vollkommen überein. Ein Unterschied ist insofern vorhanden, als an den mir vorliegenden Stücken die Wohnkammer nicht ganz so stark gestreckt ist, wie an dem REMELÉ'schen; derselbe ist jedoch so gering, dass er nur als individuell aufgefasst werden kann.

REMELÉ hält eine Identität von *Estonioceras heros* mit *Lituites convolvens* HIS.[1]) für möglich. Falls die HISINGER'sche Species und diejenige Form, die ANGELIN unter dem gleichen Namen beschreibt und abbildet, ident sind, so muss *Lituites convolvens* in dem Formenkreise eine selbständige Stellung erhalten und kann mit keiner der beschriebenen Species zusammengeworfen werden. Das mir von Herrn Professor Dr. G. LINDSTRÖM übersandte ANGELIN'sche Original unterscheidet sich wesentlich von allen zu *Estonioceras* gerechneten Formen durch die ausserordentlich grosse Spiralscheibe, den sehr weiten, flachen Nabel und die Rundung der inneren Windungen. Von den zunächst in Betracht kommenden Species, *Estonioceras heros* und *imperfectum*, weicht es ferner durch das Hinaufgehen der Luftkammern in den gestreckten Theil ab. Da das Original jedoch kein Urtheil über die Gestalt des Querschnittes der äusseren Windungen und ebensowenig über die Lage des Sipho gestattet, so wage ich nicht, eine bestimmte Ansicht über die generische und specifische Stellung des *Lituites convolvens* HISINGER und ANGELIN zu äussern.

Von *Estonioceras perforatum* ist *heros* durch die geringere Involution, die schlankere Gestalt der inneren Windungen, den sehr viel stärker gerundeten und höheren Querschnitt und die kleine Durchbohrung des Nabels getrennt.

In naher Beziehung steht *Estonioceras heros* jedoch zu *Estonioceras ariense* SCHMIDT. Letzteres zeichnet sich durch die noch viel geringere Involubilität, den in Folge dessen anders gestalteten Querschnitt und die bedeutende Höhe der Luftkammern aus.

---

[1]) HISINGER, Anteckningar i Physik och Geognosi under Resor uti Sverige och Norrige IV. pag. 236; V. pag. 60, t. 5, f. 2 — Lethaea suecica pag. 27, t. 8, f. 6. — ANGELIN-LINDSTRÖM, Fragmenta silurica pag. 10, t. 16, f. 3 a (b u. c?). Letztere Abbildung stimmt in sofern nicht mit dem Original überein, als demselben die zierlichen Anwachsstreifen und Ringwellen fehlen.

Estonioceras ariense Schmidt sp.

Taf. II [XXV], Fig. 5 a–c.

1857. *Lituites? (Hortolus) ariensis* Schmidt, Archiv für Naturkunde Liv-, Ehst- und Kurlands. I, 2 pag. 199.

Im Jahre 1857 gründete Friedrich Schmidt obige Species mit folgender kurzen Beschreibung: „*Lituites? (Hortolus) ariensis* n. sp. Erst unvollständig bekannt. Ueber Schalenzeichnung und Bau des Sipho wissen wir noch nichts. Schale regelmässig eingerollt in zwei Windungen, die sich nirgends berühren und immer weiter von einander entfernen. Durchmesser der Schale im Beginn des zweiten Umganges $1/_2$ Zoll; am Ende desselben $1^1/_2$ Zoll; horizontaler Durchmesser der Schnecke 5 Zoll. (1). Ari."

Estonioceras ariense stellt betreffs der Involution der Windungen das dem *Estonioceras perforatum* entgegengesetzte Extrem dar. Im Centrum des Nabels ist eine unbedeutende Durchbohrung vorhanden, die einfach kreisförmig ist. Bereits die ersten Luftkammern berühren jedoch mit der Bauchseite die Rückenseite der jüngeren Windungen; der Eindruck, der hierdurch auf der letzteren verursacht wird, ist ausserordentlich gering, z. Th. gar nicht vorhanden und beschränkt sich auf 2 Windungen, die in einigermassen geschlossener Spirale eingerollt sind. Die ganze Schale besitzt, wenn man sich den ganz evoluten Theil an die Spirale angelegt denkt, über 3 Windungen; der äussere, über einen ganzen Umgang enthaltende Theil löst sich sehr allmählich von der Spirale los.

Der Querschnitt der Umgänge wird natürlich durch die geringe Involution wesentlich nicht beeinflusst und weist innerhalb der inneren Windungen eine gleichmässig bogige Linie als dorsale und ventrale Umgrenzung auf. Beide Umgrenzungen treffen sich in der ersten Windung in einer deutlich ausgeprägten Seitenkante, der Querschnitt zeigt daher einen hochlanzettlichen Umriss. Mehr nach vorn runden sich die Kanten. Am Ende des zweiten Umganges plattet sich die Ventralseite ab, und der hierdurch entstehende Querschnitt (gerundete Dorsalseite, abgeplattete Ventralseite und gerundete Flanken) wird bis an den Mündungsrand beibehalten. Eine individuelle Entwickelung findet innerhalb der letzten Windung nur insofern noch statt, als die Höhe allmählich wächst. Die Grössenverhältnisse der auf einander folgenden Querschnitte gehen aus folgenden Maassen hervor:

	Höhe	Breite
Bei ca. $^1/_4$ Umgang	7 mm	12 mm
„ „ $^3/_4$ „	12 „	19 „
„ „ 1 „	14 „	21 „
„ „ $1^1/_2$ „	19 „	25 „
„ „ $1^3/_4$ „	26 „	34 „
„ „ 2 „	30 „	38 „
In der Mitte der Wohnkammer	37 „	40 „

Die Suturlinien verlaufen nahezu geradlinig, innerhalb der ersten und zweiten Windung zeigen sie einen sehr flachen Ventralsinus und schwach entwickelten Lateralsattel; von einem Dorsalsinus ist nur eine ganz geringe Andeutung vorhanden.

Vor allen anderen Species zeichnet sich *Estonioceras ariense* durch ausserordentlich lange Luftkammern aus, eine Eigenthümlichkeit, die sich nicht nur auf die äusseren Windungen, sondern auch auf die inneren bezieht. Bei 23 mm Breite mass ich für die Länge einer Luftkammer 8,5 mm auf der Ventralseite, bei 38 mm Breite 14 mm. Die letzte Luftkammer ist sehr viel niedriger.

Der Sipho ist gross und liegt subventral.

Die Schale ist ausserordentlich dick, doch nirgends so erhalten, dass sich an ihr die Anwachsstreifen beobachten liessen.

Die Wohnkammer hat bei einer durchschnittlichen Breite von 40 mm etwa 130 mm Länge. Kurz vor der Mündung ist dieselbe auf der Ventralseite in Folge einer Verdickung der inneren Schalenlage eingeschnürt. Der Mündungsrand ist bekannt; er tritt dorsal sehr viel weiter nach vorn vor als ventral.

Estonioceras arietis steht in nächster Beziehung zu *Estonioceras heros*. Es unterscheidet sich durch die geringe Involution, den ventral abgeplatteten und dorsal gerundeten Querschnitt der letzten Windungen und durch die ausserordentliche Länge der Luftkammern.

Estonioceras imperfectum QUENSTEDT sp.
Taf. III [XXVI], Fig. 2; Taf. IV [XXVII], Fig. 3 und 4.

1840. *Lituites cancellatus* EICHWALD, **Das silurische Schichtensystem Ehstlands.** pag. 103.
1846. *Lituites imperfectus* QUENSTEDT, Petrefactenkunde Deutschlands. 1. 1. pag. 51. **t. 2, f. 17.**
1851—56. *Lituites cancellatus* BRONN, Lethaea geognostica. pag. 493, t. 1, f. 3b, c? (non 3a).
1860. *Lituites imperfectus* LOSSEN, Zeitschrift der deutschen geol. Gesellschaft. Bd. 12. **pag. 20.**
1860. *Lituites cancellatus* EICHWALD, Lethaea rossica. 1. 2. pag. 1297.
1861. *Lituites cancellatus* SCHMIDT, Archiv für Naturkunde Liv-, Ehst- und Kurlands. **1.** 2. pag. 198 ex parte.
1879. *Lituites cancellatus* DAMES, Sitzungsberichte der Gesellschaft naturforschender Freunde zu **Berlin.** pag. 2.

Estonioceras imperfectum Qu. ist am zahlreichsten im Vaginatenkalk Russlands vertreten.

Die Schale ist scheibenförmig, fast vollständig in eine Spirale aufgerollt, die sich durch ihren im Verhältniss zur Breite der Windungen grossen **Horizontaldurchmesser** vor allen anderen *Estonioceras*-Arten auszeichnet. Die Angehörigen dieser Art fallen daher durch grosse Schlankheit ihres Aeusseren sofort auf. Jedoch kommen hierbei ziemlich bedeutende Variationen vor; mehr plumpe und sehr schlanke Formen sind durch Uebergangsformen mit einander verbunden.

Die Zahl der Umgänge, von denen sich nur ein kleines vorderes Stück von der Spirale loslöst, beträgt kaum mehr als $2^{1}/_{2}$. Sie lassen eine **Nabel-Durchbohrung** von mässiger Weite zwischen sich, die hauptsächlich in einer centralen gerundeten Partie besteht. In Folge dessen ist der Querschnitt der innersten Windung ein rein querlanzettlicher mit gerundeter **Bauch-** und Rückenseite und mehr oder minder scharf zugehenden seitlichen Kanten. Erst innerhalb der zweiten Windung beginnt sich die Rückenseite einzubuchten. Diese Einbuchtung ist nie sehr tief, aber immerhin ziemlich **breit**; bei einem schlanken Individuum beträgt sie bei **25 mm** Querschnittsbreite ca. 10 mm, an einem anderen plumperen bei 32 mm Breite **ca. 12 mm**. Die Gestalt des Querschnittes ist innerhalb der zweiten Windung im Allgemeinen eine Ellipse **mit** stark gerundeten **Flanken**, **flach gerundeter Ventral-** und **abgeplatteter Dorsalseite.** Er ähnelt dem von *Estonioceras lamellosum* und erreicht nie die nierenförmige Gestalt von *Estonioceras perforatum*. Die absolute Grösse der Windungen und das Verhältniss von Höhe und Breite geht aus der Tabelle S. 38 [176] hervor.

Hiernach sind die innersten Windungen fast so niedrig wie bei *Estonioceras perforatum*, jedoch innerhalb des zweiten Umganges stellt sich ein Verhältniss her, das dem bei *Estonioceras lamellosum* beobachteten nahe kommt. Mit weiter zunehmendem Alter werden dann die Windungen immer höher, bis am Ende der Wohnkammer die Höhe der Breite fast gleich ist.

Der **Verlauf** der Suturlinien ist innerhalb der ersten Windung dem bei *Estonioceras perforatum* beobachteten gleich.

	Breite	Höhe
Taf. IV [XXVII]. Fig. 2		
ca. 1 Windung	18 mm	10 mm
1½ „	22 „	13 „
2 „	26 „	19 „
2½ „	35 „	25 „
Taf. IV [XXVII]. Fig. 3		
ca. 1 Windung	19 „	9 „
1½ „	22 „	14 „
2 „	26 „	20 „
2½ „	29 „	23 „
	18 „	8 „
	19,5 „	10 „
	21,5 „	12 „
äussere Windung	24 „	15 „
	26 „	18 „
Anfang der Wohnkammer	29 „	21 „

In der zweiten Windung sind ebenfalls Ventral- und Dorsal-Sinus, jedoch beide, namentlich ersterer nicht so tief ausgebildet.

Die Kammern besitzen eine mittlere Länge: bei 22 mm Breite 5,5 und bei 29 mm Breite 6 mm Länge.

Der Sipho liegt subventral.

Die Schale selbst besteht aus zwei Lagen, die beide mit Anwachsstreifen verziert sind, welche auf der Bauchseite einen flachen Sinus bilden. Die Anwachsstreifen der inneren, dicken Schalenmembran sind sehr fein und zierlich, die der äusseren unregelmässig und stark blätterig. An einem Individuum (Taf. IV (XXVII), Fig. 4 a u. b) waren die schon bei *Estonioceras perforatum* beschriebenen dunkelen Spiralstreifen der Septalschicht sichtbar.

Die Wohnkammer nimmt etwa ⅓ Umgang ein. Auf ¾ ihrer Länge ist sie der Spirale angeschlossen und besitzt aus diesem Grunde auf der Dorsalseite einen mehr oder minder breiten Ausschnitt für die nächst ältere Windung. Innerhalb dieser Region besitzt sie einen ventral-dorsal etwas zusammengedrückten Querschnitt mit abgeplatteter oder etwas eingedrückter Dorsalfläche. Sobald die Wohnkammer jedoch sich in ihrem vordersten Viertel von der Spirale loslöst, verschwindet diese Abplattung vollständig, und in der Nähe der Mündung hat die Wohnkammer einen vollständig kreisrunden Querschnitt. Die Mündung weist den flachen Sinus der Ventralseite auf und tritt dorsalwärts weit nach vorn vor.

Das Verwachsungsband hat Dames (l. c.) beschrieben[1]).

Die Speciesbezeichnung „*imperfectus*" wird häufiger mit dem Autornamen „Wahlenberg" aufgeführt. Zuerst gebraucht sie Hisinger[2]) in dieser Weise und nennt sie als Synonym seines *Lituites convolvans*; dann spricht Quenstedt[3]) von *Lituites imperfectus* ohne Anführung des Autors und bezeichnet damit die hier beschriebene

---

1) Ich gehe in vorliegender Arbeit auf die Verwachsungsbänder nicht ein, da ich beabsichtige hierüber eine selbständige Abhandlung zu veröffentlichen.
2) Lethaea suecica pag. 27.
3) Petrefactenkunde Deutschlands. 1. 1. Cephalopoden. pag. 51.

Art. Die gleiche Form geht bei Lossen¹) als „*Lituites imperfectus* Wahlenberg". Jedoch hat Wahlenberg²) selbst in der Grund legenden Arbeit einen derartigen Speciesnamen nicht gebraucht, sondern er spricht nur von "Lituitae imperfectiores" als zusammenfassende Bezeichnung der hierher gehörigen Formen gegenüber den perfecten Lituiten. Als Autorennamen ist deshalb hinter *Estonioceras imperfectum* derjenige Quenstedt's zu setzen.

Was Eichwald³) 1840 als *Lituites convolvens* v. Schloth. aufführt, ist, der kurzen Beschreibung nach zu urtheilen, ebenso wie die gleichbenannte Form der Lethaea Rossica, nur unser *Estonioceras imperfectum*.

Lossen giebt eine treffliche Beschreibung der Species und berichtigt zugleich die Angabe Quenstedt's, nach welcher die Dorsalseite der Windungen nicht eingedrückt sein sollte.

Bronn und nach ihm Schmidt bezeichnen die vorstehend beschriebene Art als *Lituites convolvens* Schloth., obwohl es zweifellos ist, dass v. Schlotheim unter diesem Namen Vertreter der Gattung *Lituites* verstanden hat⁴). Beide Autoren und auch Nötling⁵) führen ferner als Synonym *Lituites lamellosus* Hisinger auf; nach den Hisinger'schen und Angelin'schen Abbildungen dieser Species ist sie jedoch durch den sehr viel breiteren Querschnitt der Windungen und den massigeren Habitus wohl unterschieden.

Estonioceras Müllaueri Dewitz sp.

1880. *Lituites Müllaueri* Dewitz, Schriften der physikalisch-ökonomischen Gesellschaft zu Königsberg i. Pr. Bd. 20. 1879. pag. 179, t. 4, f. 7.

Anhangsweise füge ich der Formengruppe des *Estonioceras imperfectum* eine von Dewitz aus einem Vaginatenkalk-Geschiebe als *Lituites Müllaueri* beschriebene Art bei, die in mancher Beziehung abweicht. Vielleicht muss dieselbe eine selbstständige Stellung erhalten.

Der spirale Theil des Gehäuses zeigt etwa zwei Umgänge, von kräftigem Bau, welche dicht aneinander liegen und sehr rasch an Dicke zunehmen. Von der Wohnkammer ist nur das hintere Ende, das sich mit einem Theil der angrenzenden Luftkammern bereits von der Spirale loslöst, erhalten. Der Querschnitt des Gehäuses ist fast kreisförmig, am vorderen Ende auf der Ventralseite etwas abgeplattet. Die Nahtlinien treten an beiden Seiten des Gehäuses zu einem Sinus nach hinten zurück und bilden flache Sättel auf der Dorsal- und Ventralfläche, ein Verhalten, welches jedenfalls die Folge einer mehr cylindrischen Wölbung der Kammerwände ist, wie sie nach Dewitz bei dieser Art und ausserdem bei allen *Estonioceras*-Arten in den inneren Windungen direct beobachtet ist. Die Suturlinie der vorderen Kammern tritt auf der Mittellinie der Dorsalseite wieder etwas nach hinten zurück und bildet so das Aequivalent des Dorsalsinus anderer *Estonioceras*-Arten. Die Suturlinien stehen ziemlich dicht an einander. Der Sipho liegt central.

Estonioceras Müllaueri nimmt in dem hier behandelten Formenkreise vermöge des Querschnittes seiner Windungen und der Lage des Sipho eine Ausnahmestellung ein; die Art steht jedoch vermöge ihres ganzen Habitus *Estonioceras* nahe. Nach Remelé⁶) „zeigt sich in der allgemeinen Gestalt dieses Fossils schon eine gewisse Annäherung an die Gruppe *Discoceras*, speciell an deren ältesten Repräsentanten, *Discoceras teres* Eichw. sp." Die Gattung *Discoceras* ist nun aber durch die constant dorsale, oder doch subdorsale Lage des Sipho

---

1) Zeitschrift der deutschen geol. Gesellschaft. Bd. 12, pag. 21.
2) Nova Acta regiae Societatis scientiarum Upsaliensis. VIII. pag. 84.
3) Das silurische Schichtensystem in Ehstland. pag. 103.
4) cf. Lossen l. c. pag. 18 u. 20 und Remelé, Untersuchungen über die versteinerungsführenden Diluvialgeschiebe etc. 1. 3. pag. 13.
5) Jahrbuch der kgl. preussischen geologischen Landesanstalt und Bergakademie für 1882. pag. 275.
6) l. c. l. 3. pag. 104.

scharf characterisirt. Eine sehr viel engere Beziehung scheint mir vielmehr zwischen *Estonioceras Müllaueri* und *Estonioceras Decheni* zu bestehen, denn der Sipho liegt bei letzterem subcentral, und die Luftkammern gehen, wie bei *Estonioceras Müllaueri*, in den sich streckenden Theil hinauf, was bei den einigermaassen bekannten Arten von *Discoceras* nie der Fall ist. Was den Querschnitt betrifft, so mache ich darauf aufmerksam, dass derselbe innerhalb der Gattung *Estonioceras* mannigfachen Schwankungen unterworfen ist, ja dass die Wohnkammer von *Estonioceras imperfectum* sogar kreisrunden Querschnitt besitzt. Dass *Estonioceras Müllaueri* etwa einen Uebergang zwischen *Estonioceras* und *Discoceras* bildet, scheint hiernach ausgeschlossen; zur definitiven Entscheidung dieser Frage würde eine Untersuchung der inneren Windungen von *Estonioceras Müllaueri* betreffs der Lage des Sipho und der Gestalt des Querschnittes erforderlich sein.

Estonioceras Decheni REMELÉ sp.

? 1771. *Lituites* KNORR und WALCH, Naturgeschichte der Versteinerungen. III. pag. 161. Suppl. t. 4b, f. 1.
   1880. *Lituites Decheni* REMELÉ, Festschrift für die 50jährige Jubelfeier der Forstakademie Eberswalde, pag. 233, t. 2, f. 1 a—c.
   1880. *Discoceras subcostatum* ANGELIN-LINDSTRÖM, Fragmenta silurica, pag. 10, t. 9, f. 13, 14; t. 11, f. 5—9.
   1886. *Poleuthoites Decheni* REMELÉ, Zeitschrift der deutschen geol. Gesellschaft. Bd. 38. pag. 467.

     Durch die Beschreibungen REMELÉ's und ANGELIN's ist diese Art mit Ausnahme der Wohnkammer und des Mündungsrandes fast vollständig bekannt. Ich folge hier hauptsächlich dem ersten Autor. Der in geschlossener Spirale aufgerollte Theil des Gehäuses zeigt 2 Windungen von 40 mm äusserem Durchmesser und ist in der Mitte durchbohrt. Der gestreckte Theil entfernt sich zuerst langsam, dann schneller von der Spirale und ist jedenfalls ausserordentlich lang gewesen, da er sowohl an dem schwedischen, als auch an dem Exemplar aus dem Geschiebe vollständig von Luftkammern eingenommen wird. Der Querschnitt der Windungen hat die Form einer Ellipse, deren kleine Axe mit der Verbindungslinie von Bauch und Rücken zusammenfällt. Das Verhältniss von Höhe und Breite der Umgänge, die langsam und gleichmässig an Dicke zunehmen, ist 5 : 6. Der Sipho ist klein und liegt centriventral. Die feinen Anwachsstreifen sind auf der Rückenseite sehr flach eingebogen, biegen sich auf den Flanken in einem nach vorn convexen, flachen Bogen nach hinten zurück und bilden auf der Bauchseite einen mässig tiefen, gerundeten Sinus.

     Estonioceras Decheni steht in naher verwandtschaftlicher Beziehung zu *Estonioceras ariense* vermöge seines elliptischen Querschnittes und der bedeutenden Länge des gestreckten Theiles. Es unterscheidet sich durch die geringe Grösse, die Lage des Sipho und die gerundete, seitlich nicht scharf zugehende Gestalt der inneren Windungen.

     Diese Species ist zuerst von REMELÉ in rothem, von graugrünen Partien durchsetztem Orthocerenkalk zusammen mit *Endoceras vaginatum* v. SCHLOTH. gefunden. Als *Discoceras subcostatum* wurde sie von ANGELIN aus regio *C'Dalecarliens* beschrieben. REMELÉ behauptete[1]) die Identität beider Species, und man wird ihm hierin folgen müssen, obwohl es nicht zu leugnen ist, dass sich insofern ein Unterschied vorfindet, als das REMELÉ'sche Exemplar keine Rippen aufweist, während das ANGELIN'sche „costae in anfractu ultimo distinctiores, obliquae, in dorso obsoletiores" besitzt; zu bemerken ist hierzu jedoch, dass ANGELIN vorher sagt: „testa transversim obsolete costata vel sublaevis". Die Entwickelung der Rippen scheint also Schwankungen unterworfen und dürfte für die Trennung zweier Species nicht zu verwerthen sein. LINDSTRÖM[2]) führt allerdings beide Species *Lituites Decheni* REMELÉ und *Discoceras subcostatum* ANGELIN neben einander auf.

---

   1) Zeitschrift der deutschen geol. Gesellschaft. Bd. 32. pag. 644.
   2) List of the Fossil Faunas of Sweden. pag. 12.

Remelé hat die vorbehandelte Species zum Typus seiner Gattung *Falcilituites* gemacht. Abgesehen davon, dass dieser Name immer wieder die althergebrachte, aber nicht gerechtfertigte Vorstellung einer Zusammengehörigkeit dieser Formen mit der Gattung *Lituites* erweckt, muss die Bezeichnung fallen, da die nächstverwandten Formen bereits früher von Nötling als *Estonioceras* bezeichnet worden sind.

Planctoceras novum subgenus
— *Lituites* autt. ex parte — *Aegoceras* Remelé — *Tragoceras* Remelé [1]).

Schale spiral aufgerollt; Umgänge einander nicht berührend. Wohnkammer nur schwach gekrümmt. Mündungsrand einfach mit Ventralausschnitt. Sipho subventral.

Dem Bedürfniss, den alten *Lituites falcatus* durch besondere Benennung auszuzeichnen, hat Remelé zuerst Ausdruck gegeben. Der für diese Art zuerst vorgeschlagene Gattungsname *Aegoceras* war bereits für eine Ammoniten-Gattung vergeben und wurde später von Remelé in *Tragoceras* abgeändert. *Tragoceros* oder *Tragocerus* ist aber der Name einer der häufigsten Antilopen im Pliocän Griechenlands, Süd-Frankreichs, Persiens etc. Da nun nach den Grundsätzen der Nomenclatur Worte, die aus denselben Stämmen zusammengesetzt, also gleichbedeutend und nur durch Schreibweise unterschieden sind, als Synonyma zu behandeln sind, so muss auch *Tragoceras* wieder eingezogen werden, und ich schlage dafür die Bezeichnung *Planctoceras* vor [2]).

Die verwandtschaftlichen Beziehungen dieser Untergattung sind leicht zu erkennen. Der Bau der Schale, der Mündungsrand, der Bau und die Lage des Sipho verweisen *Planctoceras* in die unmittelbare Nähe von *Estonioceras*. Der Unterschied besteht nur darin, dass *Planctoceras falcatum* aller Wahrscheinlichkeit nach in keinem Altersstadium aneinanderschliessende Windungen besessen hat. Da auch bei echten *Estonioceras*-Formen, z. B. *Estonioceras ariense* und *Decheni*, die Evolution weit nach hinten reicht und dieser Unterschied nicht genügend erscheint, um eine Gattung darauf zu gründen, lege ich *Planctoceras* nur den Werth einer Untergattung bei.

Planctoceras falcatum Schlotheim sp.
Taf. VI [XXIX] und Taf. V [XXVIII] Fig. 6.

1820 u. 1822. *Orthoceratites falcatus* v. Schlotheim, Petrefaktenkunde. I. pag. 53. Nachträge pag. 58, t. 8, f. 2 a u. b.
1846. *Lituites falcatus* Quenstedt, Petrefaktenkunde Deutschlands. I. pag. 50, t. 1, f. 15.
1857. *Lituites falcatus* Schmidt, Archiv für Naturkunde Liv-, Ehst- und Kurlands. I. 2. pag. 196.
1860. *Cyrtoceras falcatum* Eichwald, Lethaea rossica. I. 2. pag. 1280, t. 50, f. 8 a und b.
1879. *Lituites falcatus* Dewitz, Schriften der physikalisch-ökonomischen Gesellschaft zu Königsberg i. Pr. Bd. 20. pag. 176, t. 4, f. 3.
1880. *Aegoceras falcatum* Remelé, Festschrift für die 50jährige Jubelfeier der Forstakademie Eberswalde. pag. 244. Anm.
1889. *Tragoceras falcatum* Remelé, Untersuchungen über die versteinerungsführenden Diluvialgeschiebe etc. I. 3. pag. 35. Anm.

Dieses durch die eigenthümliche Art seiner Krümmung ausgezeichnete Fossil liegt mir in zahlreichen, z. Th. ausgezeichneten Exemplaren vor; dieselben beweisen zwar, dass *Planctoceras falcatum* während der mittl-

---

[1]) Foord (Catalogue of the fossil Cephalopoda in the British Museum. I. pag. 312) stellt *Lituites falcatus* zur Gattung *Ooceras* (= *Oonoceras* Hyatt). Der Typus derselben besitzt jedoch cochleaten Sipho und ist gekrümmt, ohne spiralig aufgerollt zu sein. — Auf die Foord'sche Arbeit gedenke ich in einer besonderen Abhandlung einzugehen.

[2]) Ueber einen gleichen Fall vergleiche man z. B. J. Hinde, Description of a new Species of Crinoids. Annals and Magazine of Natural History. 1885. pag. 158; und *Hystricrinus* Hinde versus *Arthroacantha* Williams, A question of nomenclature; ibidem. 1886 pag. 771. — Uebrigens ist für die erwähnte Antilope auch die Schreibweise *Tragocerus* angewendet worden.

leren Altersstadien in freier Spirale aufgerollt war, jedoch geben sie uns noch nicht vollständige Gewissheit darüber, ob sich die Anfangswindung ebenso verhielt, oder ob ihre Spirale geschlossen war. Dewitz, der das bisher ausgezeichnetste Individuum dieser Species abgebildet und beschrieben hat, kam indirect zu dem Schlusse, „dass das hintere Ende spiralig eingerollt war, da es sich viel stärker krümmt, als der übrige Theil, und in Anbetracht der geringen Abnahme des Umfanges sich noch weit nach hinten verlängert haben muss; zwar ist es möglich, dass die einzelnen Umgänge nicht aneinander lagen, sondern weite Zwischenräume zwischen sich liessen". Wie die Abbildung Taf. VI [XXIX], Fig. 2 und einige andere Exemplare lehren, hat sich bis jetzt durch directe Beobachtung nur etwas mehr als ein Umgang einer Spirale nachweisen lassen, während über die Beschaffenheit der innersten Windung noch keine Gewissheit vorhanden ist. An den beiden, bis in ihre hinteren Windungen am vollständigsten erhaltenen Individuen betragen die Durchmesser 12 und 10 mm, bezw. 9 und 8 mm: da die Convergenz der äusseren Schale nach hinten bedeutend zunimmt und grösser ist, als in den mittleren und höchsten Altersstadien, so gewinnt es an Wahrscheinlichkeit, dass obige Durchmesser sich nicht so sehr weit entfernt von dem Anfangstheil der Schale überhaupt befanden, und dass also nur noch ein relativ kurzes Stück, namentlich an dem Taf. VI [XXIX], Fig. 2 abgebildeten Individuum, bis zum Schalenanfang fehlt. Beachtet man ferner, dass die Krümmung auch der inneren Windungen eine ziemlich geringe ist — wobei allerdings eine eventuelle Zunahme in dieser Beziehung nach hinten berücksichtigt werden muss —, so erscheint es wahrscheinlich, dass der Anfangstheil des *Planetoceras falcatum* nur sehr stark hakenartig gekrümmt war, oder doch nur eine Spirale mit freien Windungen darstellte, ähnlich etwa wie es bei den innersten Windungen von *Estonioceras perforatum* beobachtet ist. *Planetoceras falcatum* unterschiede sich also von allen nächstverwandten Formen dadurch, dass sich in keinem Altersstadium die Windungen aneinander legten; es tritt hierdurch in eine gewisse Beziehung zu den *Cyrtoceras*- und *Gyroceras*-artigen Cephalopoden.

Der Grad der Krümmung resp. der Streckung der Schale scheint bei verschiedenen Individuen, wie ein Blick auf Taf. VI [XXIX] lehrt, nicht unbedeutenden Schwankungen unterworfen zu sein. In gleicher Weise variirt das Dickenwachsthum und der Querschnitt. Einzelne Exemplare zeigen deutlich elliptischen Querschnitt (Höhe 14, Breite 11, oder Höhe 21 und Breite 17), andere dagegen sind namentlich in der Nähe der Wohnkammer nahezu drehrund mit nur ganz geringer Abplattung der Flanken; so ist z. B. der Querschnitt des auf Taf. VI [XXIX], Fig. 1 abgebildeten Individuums im gestreckten Zustande nur um einen Millimeter höher als breit.

Die Höhe der Luftkammer schwankt, wie bei allen Cephalopoden, sowohl individuell als auch nach dem Alter der einzelnen Kammer; durchschnittlich sind dieselben $3^1/_2$-mal so hoch als der grösste Durchmesser. Die Suturlinien beschreiben auf den Flanken einen tiefen Sinus und treten auf Bauch- und Rückenseite nach vorn vor. Die Krümmung der Kammerwand ist wie bei *Estonioceras* ventral grösser als dorsal.

Die Schalenoberfläche (Taf. V [XXVIII], Fig. 6a und b) ist, je nach dem Alter und dem Erhaltungszustande, etwas veränderlich. In der Jugend (Fig. 6b) sind die Anwachsstreifen, sowohl der oberen als der unteren Schalenmembran, regelmässig angeordnet und verlaufen in gleicher Schärfe und gleichem Abstand von einander mit einem tiefen Sinus auf der Bauchseite über die Oberfläche. Im Alter (Fig. 6a) werden sie blätterig und unregelmässig.

Der Sipho gleicht nach seiner Lage und seinem Bau vollständig dem von *Estonioceras*.

Die Wohnkammer ist kurz und wird vorn durch einen einfachen Mündungsrand mit tiefem Ventralausschnitt begrenzt.

Planetoceras falcatum ist bis jetzt auf den Vaginatenkalk Ehstlands beschränkt.

Lituitidae Nötling[1]).

Lituites Breyn.

Gehäuse aus einem gestreckten Theil und einer Spirale bestehend; der gekammerte Theil des Gehäuses z. Th. spiral, z. Th. gestreckt, die Wohnkammer stets gestreckt. Sipho dorsicentral. Schale mit Ringwülsten und diesen parallel laufenden Auwachsstreifen; beide bilden auch im spiralen Theil einen ventralen tiefen Sinus mit 2 seitlichen Sätteln; nach vorn compliciren sich die Sculpturelemente zu einem 5-lappigen Mündungsrande, der ausserdem noch zusammengezogen ist.

Vorkommen im Unter-Silur (Obere Orthocerenkalke) Nord-Europas und in Geschieben.

Unsere Kenntniss der Gattung *Lituites* hat sich im letzten Jahrzehnt durch die Arbeiten Nötling's[2]) und Remelé's[3]) wesentlich vervollkommnet. Namentlich ersterem gebührt das Verdienst, den Typus der Gattung, die Species *Lituites lituus*, in ausgezeichneter Weise beschrieben zu haben. Nur in einem wesentlichen Punkte vermag ich seine Ausführungen zu ergänzen. Derselbe betrifft den Mündungsrand, dieses für die Unterscheidung von Gattungen ausserordentlich wichtige Merkmal.

Der Mundrand von *Lituites lituus* war nach ihm in vier Lappen ausgezogen, die ventral und dorsal seitlich paarweise angeordnet waren; die Ventrallobren waren durch einen sehr tiefen Ventralsinus von einander, die Ventrallobren von den Dorsallobren ebenfalls durch je einen etwas weniger tiefen Lateralsinus getrennt. So weit hatte Nötling durch directe Beobachtung den Verlauf des Mündungsrandes festlegen können. Er fährt fort: „Obwohl meine Stücke nur den ventralen und lateralen Ausschnitt zeigen, so nöthigt jedoch der Verlauf der Wachsthumsrunzeln zur Annahme auch eines dorsalen Ausschnittes. Dem tiefen ventralen Sinus entspricht ein tiefer Ausschnitt des Mundrandes; t. 11, f. 1 und 4 zeigen, dass dem Lateralausschnitt eine Ausbiegung der Wachsthumsrunzeln entspricht. Da, wie ich vorausschicken will, dieselben auch auf der Dorsalseite eine, wenn auch ungemein schwache und nur am oberen Ende der Wohnkammer deutlich wahrnehmbare, Einbuchtung bilden, so sind wir berechtigt, auch hierfür einen Ausschnitt des Mundrandes anzunehmen, der, entsprechend der leichten Biegung der Wachsthumsrunzeln, weniger tief als die drei übrigen Ausschnitte war."

Mehrere mir vorliegende Stücke von *Lituites lituus* lassen nun jedoch erkennen, dass die Wachsthumsrunzeln in den vordersten Theilen der Wohnkammern auf der Dorsalseite nicht einfach einen sehr flachen Sinus beschreiben; vielmehr sind dieselben hier complicirter gebaut. Von dem auch schon schwach ausgeprägten dorsi-lateralen Sätteln aus treten nach der Dorsalfläche zu am Vorderende der Wohnkammer statt des einen von Nötling angenommenen Sinus 2 flache Sinus auf, die genau in der Mediane durch einen Sattel

---

1) Nötling bildet „*Lituidae*". Ich schlage dafür „*Lituitidae*", abgeleitet aus dem Gattungsnamen, vor.
2) Zeitschrift der deutschen geol. Gesellschaft. Bd. 34. 1882. pag. 156 ff. — Jahrbuch der kgl. preussischen geologischen Landesanstalt und Bergakademie. 1883. pag. 122 ff.
3) Festschrift für die 50jährige Jubelfeier der Forstakademie Eberswalde. 1880. — Zeitschrift der deutschen geol. Gesellschaft. Bd. 33. 1881. pag. 187 ff. — Untersuchungen über die versteinerungsführenden Diluvialgeschiebe etc. I. 3. pag. 5 ff.

von einander getrennt sind. Dieser mediane Dorsalsattel entwickelt sich nach der Mündung zu immer deutlicher, ja überragt die beiden lateralen Dorsalsättel; kurz vor dem Mündungsrande verschwinden die Anwachsrunzeln an dieser Stelle fast ganz, jedoch zeigt der Mündungsrand selbst einen deutlich ausgeprägten dorsalen Medianlappen. Der von Nötling angenommene Dorsalausschnitt ist also durch ein medianes Ohr in zwei getheilt. Letzteres unterscheidet sich dadurch von den ventralen und dorsilateralen Ohren, dass es vollständig in der Flucht der äusseren Schale bleibt und nicht nach dem Centrum des Gehäuses eingebogen ist.

Die Mündung von *Lituites lituus* ist also nicht 4-lappig, sondern 5-lappig und besitzt nicht 4, sondern 5 Ausschnitte, wobei jedoch zu bemerken ist, dass die Ventralseite und die Seitenflächen betreffs der Entwickelung der Mündungselemente bevorzugt sind, denn Ohren und Ausschnitte sind hier gross und kräftig ausgeprägt, während dieselben auf der Dorsalseite sehr an Grösse zurücktreten.

Vorstehende Beobachtungen und auch die weiter unten daraus gezogenen Folgerungen waren bereits ausgeführt und niedergeschrieben, als sie durch Remelé in seiner letzten Arbeit[1]) eine für die Beurtheilung der ganzen Lituitengruppe wesentliche Erweiterung und Ergänzung erfuhren. Remelé hat sich der verdienstvollen Mühe unterzogen, die Entwickelung des Verlaufs der Anwachsrunzeln und -Streifen in den verschiedenen Altersstadien zu verfolgen. Ich gebe im Folgenden seine Beobachtungen nahezu wörtlich, nur mit Anwendung der in der vorliegenden Arbeit gebrauchten Nomenclatur: „In den inneren Theilen der Spirale erheben sich die Streifen lediglich von der Dorsalseite her, und zwar meist in einer sehr schwach aufwärts gekrümmten Bogenlinie, nach vorn gegen den Aussenrand der Seitenflächen, und beschreiben von da aus einen tiefen Sinus auf der Ventralseite, der an keiner Stelle dieser Cephalopoden zu fehlen scheint. Nötling hat das ebenso beobachtet und danach die Muthmassung geäussert, dass die Mundöffnung bei *Lituites lituus* im jugendlichen Alter nur 2 Lappen gezeigt habe. Nun ist aber zu bemerken, dass der Sinus der Runzeln auf den Flanken neben dem an die Dorsalseite anstossenden knieförmigen Sattel doch recht weit rückwärts im Bereich der Spirale zu verfolgen ist und jedenfalls im ersten halben Umgang, ja mitunter noch mehr zurück, ganz deutlich hervortritt; desgleichen bei *Strombolituites*. Schwer entscheiden lässt sich dagegen, ob schon in den inneren Theilen des Gewindes die Streifen in der Mitte der Dorsalseite nach vorn gebogen sind." Innerhalb einer gewissen Strecke hinter und vor dem Endpunkte der Spirale gestalten sich die Anwachsstreifen, wie es unzweifelhaft durch Beobachtung an *Lituites Hageni* und anderen feststeht, folgendermaassen:

a) auf der Dorsalseite in der Mitte ein Sattel (Dorsalsattel), rechts und links davon ein Sinus (Dorsilateralsinus),

b) an der Biegung zwischen Dorsalseite und den Flanken jederseits ein Sattel (Dorsilateralsättel),

c) auf den Flanken selbst ein Sinus (Lateralsinus),

d) am Uebergang von den Flanken zur Ventralseite von stark hervortretender Sattel (Ventralsattel),

e) in der Mitte der Ventralseite ein weit hinaufreichender Sinus (Ventralsinus).

Entfernt man sich nun aber weiter von der Spirale, so vereinfachen sich diese Verhältnisse. Während der Sinus der Flanken allmählich in deren Mitte rückt, verliert der Verlauf der Wachsthumsringe auf der Dorsalseite höher hinauf im freien gekammerten Theil die unter a) gegebenen Biegungen und wird horizontal; endlich im Bereich der Wohnkammer stellt sich auf der Mitte der nämlichen Seite ein schwacher nach hinten gewendeter Bogen ein, worauf Nötling bereits aufmerksam gemacht habe. Dass weder Nötling noch Remelé in dieser Beziehung Recht haben, ist durch meine obigen Beobachtungen genügend dargethan: mehrere von mir untersuchte Wohnkammern von Lituiten zeigen auf's deutlichste in der Mediane der Dorsalseite einen nach vorn gewendeten Bogen der Ringwülste mit zwei sich seitlich anschliessenden, nach hinten gewendeten Bogen, wie es

---

[1]) Untersuchungen über die versteinerungsführenden Diluvialgeschiebe etc. I. 3. 1890. p. 53 ff.

REMELÉ für jugendlichere Stadien allgemein beobachtet hat. Entweder ist hier das Stadium, in welchem die Vereinfachung des Verlaufs der Anwachsrunzeln vor sich gehen soll, übersprungen, oder es hat in den ältesten Wachsthumsstadien eine Neuausbildung bereits vorher dagewesener Formverhältnisse des Mündungsrandes stattgefunden. Jedenfalls verlaufen auch bei ausgewachsenen Lituiten die Anwachsrunzeln und -Streifen 5-fachbogig, und ebenso ist der definitive Mündungsrand 5-lappig, wie es REMELÉ für die jüngeren Altersstadien vermuthet. Ob die gleichen Verhältnisse für alle Lituiten gelten, kann ich aus Mangel an genügendem Material, das zur Entscheidung dieser Frage ausserordentlich reich sein müsste, nicht feststellen.

Obige Beobachtungen sind von grosser Bedeutung für die Beurtheilung des Verhältnisses der Gattungen resp. Untergattungen *Ancistroceras* BOLL, *Cyclolituites* REMELÉ und *Ophidioceras* BARRANDE zu der Hauptgattung *Lituites* BREYN, sowie des Verhältnisses der Familie der *Lituitidae* zu den *Trocholitidae*.

1) Was zunächst die Gruppe *Ancistroceras* betrifft, so muss ich auf deren Geschichte kurz eingehen. Die Bezeichnung wurde 1857 von BOLL[1]) zuerst unter die Abbildung des *Lituites undulatus* gesetzt und als das ihr eigenthümliche Merkmal eine hakenförmige Krümmung des hinteren Schalentheiles angegeben. Im Text jedoch lässt er diesen Namen fallen, indem er aus der Schalensculptur eine innige Beziehung der genannten Species zum echten *Lituites lituus* folgert. Nach BOLL hat DEWITZ[2]) die Gattung *Ancistroceras* wieder aufgenommen, wobei er es für fraglich erklärte, ob an BOLL's *Lituites undulatus* sich die Spitze spiral aufgerollt habe oder nicht.

Diese Frage ist zu Gunsten der spiralen Aufrollung durch den Fund eines ausgezeichnet erhaltenen Fossils (*Lituites Torelli*) von REMELÉ[3]) entschieden worden. Anstatt jedoch die Diagnose der Gattung oder Untergattung *Ancistroceras* dementsprechend zu erweitern, wie es allgemeiner Brauch in der Paläontologie ist, giebt er diesen Formen einen neuen Namen: *Strombolituites*. Seine beiden Gründe, „weil BOLL bei *Ancistroceras* an eine Krümmung ohne Spirale, also an ein durchaus nicht mehr lituitenartiges Fossil gedacht hat", und dann weil „eine unmittelbar auf den Zusammenhang mit den Lituiten hinweisende Bezeichnung besonders zweckmässig erscheinen" musste, sind nach den Regeln der Nomenclatur nicht stichhaltig. REMELÉ stellt *Strombolituites* als Subgenus in die nächste Nähe des Genus *Lituites*.

Die durch BOLL, DEWITZ und REMELÉ bis dahin bekannten Arten vereinigt NÖTLING[4]) unter dem Genus *Ancistroceras* und stellt sie als gleichwerthige Gruppe dem Genus *Lituites* gegenüber, beide Genera zur Familie der *Lituitidae* zusammenfassend. Seine Gründe für diese Auffassung, nämlich dass die Mündung der *Ancistroceras*-Formen 3-lappig, die der *Lituites*-Formen 4-lappig sei, beruhen jedoch, wie REMELÉ's und meine oben mitgetheilten Beobachtungen beweisen, auf falschen Voraussetzungen.

Ancistroceras kann allerhöchstens als eine Untergattung von *Lituites* betrachtet werden; und auch die Berechtigung einer solchen ist mehr Sache des classificatorischen Tactes als eine Frage von grösserer wissenschaftlicher Bedeutung. Mir persönlich erscheinen die Unterschiede, dass die Spirale bei *Ancistroceras* sehr klein und der Stab von Beginn an nicht eingebogen ist, als kaum genügend zur Abgrenzung eines Subgenus; die Lage des Sipho, die Schalensculptur und jedenfalls auch der Verlauf des Mündungsrandes stimmen bei *Lituites* und *Ancistroceras* durchaus überein.

2) Die Gattung *Cyclolituites* wurde von REMELÉ 1886[5]) gegründet und erhielt 1890[6]) folgende Diagnose.

---

1) Archiv des Vereins der Freunde der Naturgeschichte von Mecklenburg. Bd. 9. pag. 87, t. 6, f. 25 a—c.
2) Zeitschrift der deutschen geol. Gesellschaft. Bd. 32. 1880. pag. 387.
3) ibidem Bd. 33. 1881. pag. 187 ff.
4) Jahrbuch der kgl. preussischen geologischen Landesanstalt und Bergakademie. 1883. pag. 120.
5) Zeitschrift der deutschen geol. Gesellschaft. Bd. 38. 1886. pag. 467.
6) Untersuchungen über die versteinerungsführenden Diluvialgeschiebe etc. l. 3. pag. 101.

„Spiralscheibe relativ gross. Stab kurz und sanft gebogen. Querschnitt der Röhre, mit Ausnahme der inneren Windungstheile, seitlich sehr stark abgeflacht. Wohnkammer weit zurück in der Schlusswindung beginnend. Mündung allem Anscheine nach mit vier lappenartigen Fortsätzen. Sipho zwischen Centrum und Concavseite. Oberfläche mit Ringwellen und Streifen von demselben Verlauf wie bei den perfecten Lituiden. Einzige bekannte Art: *Cyclolituites applanatus* REMELE."

REMELE stellt diese Gattung mit seinem *Falcilituites* = *Estonioceras* NÖTLING und *Discoceras* BARR. zu den imperfecten Lituiten der Autoren und ist der Ansicht, dass sie den Uebergang zwischen den alten Gruppen der imperfecten und perfecten vermittelt. Dieser Meinung kann ich mich jedoch in keiner Weise anschliessen. REMELE hat sich auch in seinen neueren Publicationen von der Anschauung nicht freizumachen vermocht, dass die Art und Weise der Aufrollung, ob der gestreckte Theil noch Luftkammern enthält oder nicht, von massgebender classificatorischer Wichtigkeit ist. So sehr das Loslösen des Gehäuses von der Spirale in die Augen fällt, so kann man sich jedoch, wenn man auf den Grund dieser Erscheinung, die Veränderung der Gestalt des Wohnkammer-Längsschnittes, zurückgeht, ganz und gar nicht vorstellen, dass dieser Vorgang von irgend welcher weittragenden Bedeutung für die Organisation des Thieres war. Wie man z. B. den Gattungsunterschied zwischen *Discoceras* und *Trocholites* nicht darin erblicken kann, dass sich bei ersterer Gattung die Wohnkammer etwas (bei manchen Formen sind es nur wenige Millimeter) von der Spirale entfernt, ebensowenig darf man etwa als Hauptunterscheidungsmerkmal von *Discoceras* und *Lituites* die Gestalt des gestreckten Theiles angeben. Ob ein Cephalopod eine vollständig geradaxige, oder eine ein wenig krummaxige Wohnkammer besessen hat, kann auf die Organisation des Thieres von äusserst geringem Einfluss gewesen sein. Für die Entscheidung der Frage, ob *Cyclolituites* ein Lituitide oder Trocholitide ist, halte ich daher den Längsschnitt der Wohnkammer für vollständig gleichgültig.

Ein Anderes ist es mit den Unterschieden in dem Verlauf des Mündungsrandes, und dass dieser bei den *Trocholitidae* und *Lituitidae* von Grund aus verschieden ist, geht aus den Beobachtungen sämmtlicher Autoren auf das Deutlichste hervor und wird durch die oben mitgetheilten Ausführungen REMELE's wieder aufs Neue bestätigt. Zwar sagt er an einer Stelle[1]): „bei den imperfecten Lituiten ist der Wohnkammerrand der Regel nach einfacher, nicht durch eigentliche Vorsprünge complicirt; auf den Seitenflächen etwas nach vorn erhoben und an der Convexseite mehr oder weniger tief bogenförmig ausgeschnitten. Die hiermit harmonirende Oberflächensculptur ist indess dieselbe, welche im Anfangstheil des Gewindes der perfecten Lituiten sich zeigt" (l. c. pag. 56). Auf Seite 56 und 57 finde ich jedoch ausserdem auseinandergesetzt, dass die Anwachsstreifen und dementsprechend der Mündungsrand in allen Lebensstadien einen sehr tiefen Ventralsinus, dass sie jedenfalls im ersten halben Umgang, ja mitunter noch mehr zurück, einen Lateralsinus und wahrscheinlich in der Endgegend des letzten Umgangs sogar schon einen Dorsalsattel beschrieben haben, dass somit die Anwachsstreifen in sehr jugendlichen Stadien dem definitiven Mundrande an Complicirtheit ähnlich gewesen sind. Wenn ein Lituit im Anfangstheil des Gewindes einfach gestaltete Anwachsstreifen besitzt, so theilt er diese Eigenschaft nicht mit *Discoceras* allein, sondern mit allen anderen spiral aufgerollten Cephalopoden; auf diese Eigenschaft hin könnte man eine nähere Verwandtschaft von *Cyclolituites* mit jeder beliebigen spiralen Nautilidengattung für bewiesen halten. Mit Ausnahme des Anfangstheiles wird man bei den jüngsten Jugendformen nie darüber im Zweifel sein, ob man es mit einem Vertreter der Gattung *Discoceras* oder *Lituites* zu thun hat.

Vermöge seiner Anwachsstreifen ist *Cyclolituites* ein ächter Vertreter der Familie der Lituitiden und kann in keiner Weise den Uebergang zwischen Discoceren- und Lituiten-Formen vermitteln, da bereits seine

---

[1]) Untersuchungen über die versteinerungsführenden Diluvialgeschiebe etc. I. 3. pag. 96.

inneren, vollständig spiralen Windungen den Lituiten-Character der Anwachsstreifen tragen. Dass der gestreckte Theil gegenüber *Lituites lituus* und seinen Verwandten sehr kurz ist, kommt erst in zweiter Linie in Betracht; ich kann daher die Gattung *Cyclolituites* nur zu den *Lituitidae* NOTLING's rechnen.

Die letzten Betrachtungen gehen von der Voraussetzung aus, dass *Cyclolituites applanatus* REMELÉ ein vollständig ausgewachsenes Cephalopod ist und nicht etwa die Jugendform irgend einer Species des Genus *Lituites*[1]), eine Möglichkeit, die nicht ausgeschlossen ist und erst einer directen Widerlegung bedarf.

3) Eine zweite Gattung, welche mit *Lituites* von vielen Seiten und auch von ihrem Urheber in Beziehung gebracht wird, ist *Ophidioceras* BARRANDE. Nach der Art ihrer Aufrollung müsste man sie zu den imperfecten Lituiten stellen, nach dem Verlauf der Anwachsstreifen und der Gestalt des Mündungsrandes gehört sie jedoch in eine andere Gruppe der tetrabranchiaten Cephalopoden. Die Anwachsstreifen verlaufen nämlich im spiralen Theil einfach schwachbogig über die Seitentheile und bilden einen mehr oder weniger tiefen Sinus auf der Bauchseite; der Mündungsrand ist dagegen 3-lappig, mit 2 Seiten- und 1 Dorsallappen, entsprechend einer ventralen und zwei lateralen Ausbuchtungen. Dieses Fehlen einer Abhängigkeit der Gestalt des Mundrandes von dem Verlauf der Anwachslinien ist kennzeichnend für die Gattungen *Phragmoceras*, *Gomphoceras* etc., in deren Nähe ich in Folge dessen auch die Gattung *Ophidioceras* stellen möchte [2]).

Nach den obigen Auseinandersetzungen umfasst die Familie der *Lituitidae* die Gattung *Lituites* BREYN, von der man, wenn man will, die Untergattung *Ancistroceras* BOLL abtrennen kann, und die immerhin noch fragliche Gattung *Cyclolituites* REMELÉ. In dieser Form bildet diese Familie eine natürliche, in sich abgeschlossene Gruppe, die vielleicht durch *Rynchoceras*-artige Formen, bei denen auch eigenthümlich geschwungene Anwachsstreifen vorkommen, mit den echten *Orthoceratidae* zusammenhängt. Eine Beziehung zur Familie der *Trocholitidae* vermag ich nicht zu erkennen.

Zwei von den Gründen, welche REMELÉ[3]) veranlasst haben, die alten „imperfecten Lituiten" noch mit den perfecten vereinigt zu lassen, nämlich dass die perfecten im Anfangstheil des Gewindes eine gleiche Oberflächensculptur besässen wie die imperfecten, und zweitens, dass *Cyclolituites* einen Uebergang zwischen beiden Gruppen bilde, habe ich oben widerlegt. Als dritten Grund führt er an derselben Stelle noch an, dass „es doch eine sehr bestrittene Frage sei, ob man überhaupt auf die Beschaffenheit des Mundsaumes ein so grosses Gewicht legen darf, wie denn z. B. ZITTEL (Handbuch der Palaeontologie. I. p. 356 und 377) bemerke, dass fast jeder Nautilidengattung mit „zusammengesetzter" eine analoge Sippe mit „einfacher" Mündung entspricht, und deshalb zu vermuthen sei, dass zwischen beiden kein durchgreifender Unterschied bestehen könne". ZITTEL bemerkt noch: „So besitzen:

Orthoceras	in *Gomphoceras*,
Ascoceras	„ *Glossoceras*,
Cyrtoceras	„ *Phragmoceras*,
Lituites	„ *Ophidioceras*,
Nautilus	„ *Hercoceras*,
Trochoceras	„ *Adelphoceras*

ihre correspondirenden Gattungen. Wäre die Zahl der Arten in den Gattungen mit verengter oder zusammen-

---

1) Dass diese Species nicht *Lituites lituus* ist, wie NOTLING vermuthet, ist sicher.
2) HYATT (Proceedings of the Boston Society of Natural History. XXII. pag. 279) stellt *Ophidioceras* BARRANDE zu den *Ascoceratidae*. Der bei dieser Gruppe ausserordentlich eigenthümliche Bau des gekammerten Theiles der Schale widerspricht dem auf das Entschiedenste.
3) REMELÉ, Untersuchungen über die versteinerungsführenden Diluvialgeschiebe etc. I. 3. pag. 96.

gesetzter Mündung nicht erheblich kleiner als bei den entsprechenden einfacheren, so könnte man an Geschlechtsunterschiede denken. Vorläufig sind die Beziehungen dieser sich wiederholenden Formengruppen noch nicht aufgeklärt." Diesen Parallelismus hat ZITTEL dann auch zum Ausdruck zu bringen versucht (l. c. pag. 301) in der „Uebersicht der Nautiloideen", wo er die Gattungen in ähnlicher Weise wie in der oben citirten Aufzählung einander gegenüberstellt, und Gattungen mit verschiedenartigen Mündungen, wenn sie nur in ähnlicher Weise aufgerollt sind, in die gleiche Familie verweist; hierbei stellt sich nun die merkwürdige Thatsache heraus, dass 18 Gattungen mit einfacher Mündung nur 9 Gattungen mit verengter oder zusammengesetzter entsprechen. Der angenommene Parallelismus existirt also re vera auch in dem ZITTEL'schen Systeme nicht; REMELÉ ist daher nicht berechtigt, obige Bemerkung ZITTEL's für seine Anschauung zu verwerthen. — Der Mündungsrand der Schale giebt die Gestalt des Mantelrandes wieder, die wiederum durch die äussere Form des Kopfes und des Trichters bedingt wird; er ist der einzige Theil der Schale, der Auskunft über diese wichtigen Organe ertheilt. Seine hieraus sich ergebende Bedeutung ist nach meiner Ueberzeugung zum Schaden des natürlichen Systems der nautiloiden Cephalopoden stets unterschätzt worden.

Das System der Nautiliden bedarf einer Umgestaltung von Grund aus. Das Verdienst, in dieser Beziehung zuerst Hand angelegt zu haben, gebührt HYATT, obwohl man seinem System in mannigfacher Hinsicht gewiss nicht beistimmen wird. Ein weiterer Ausbau, bez. z. Th. eine Umgestaltung muss nach meinem Dafürhalten zunächst in der von HYATT bereits eingeschlagenen Richtung derart erfolgen, dass zunächst die Art der Aufrollung als Hauptunterscheidungsmerkmal der Gattungen und Familien aufgegeben wird, und dass an seine Stelle der Bau des gekammerten Theiles der Schale, der Bau des Sipho, der Verlauf der Anwachsstreifen und die Gestalt des Mündungsrandes treten; in zweiter Linie wären dann erst die Art der Aufrollung, die Lage des Sipho, die Anfangskammer, der Verlauf der Suturlinien etc. zu verwerthen.

Erklärung der Tafel I [XXIV].

Fig. 1. *Trocholites macrostoma* Schröder; Fig. 1a Seitenansicht, Fig. 1b Vorderansicht, Fig. 1c Oberflächensculptur zweimal vergrössert, Fig. 1d Querschnitt. Geschiebe aus Ostpreussen . . . . pag. 11 [149]
" 2. *Trocholites contractus* Schröder; Fig. 2a Seitenansicht, Fig. 2b Vorderansicht, Fig. 2c Oberflächensculptur zweimal vergrössert, Fig. 2d Querschnitt. Geschiebe von Rosehnen in Ostpreussen . . . . pag. 19 [157]
" 3. *Trocholites orbis* Schröder; Fig. 3a Seitenansicht, Fig. 3b Ansicht der Bauchseite, Fig. 3c Oberflächensculptur zweimal vergrössert, Fig. 3d Querschnitt. Geschiebe vom Nassen Garten bei Königsberg i. Pr. . . . . pag. 12 [150]
" 4. *Trocholites depressus* Eichwald sp.; Fig. 4a Seitenansicht, Fig. 4b Vorderansicht, Fig. 4c Oberflächensculptur zweimal vergrössert. Odinsholm . . . . pag. 13 [151]
" 5. *Trocholites macromphalus* Schröder; Fig. 5a Seitenansicht, Fig. 5b Querschnitt, Fig. 5c Oberflächensculptur zweimal vergrössert. Odinsholm . . . . pag.
" 6. cf. *Trocholites orbis* Schröder; Fig. 6a Seitenansicht, Fig. 6b Querschnitt. Odinsholm pag. 13 [151]
" 7. *Trocholites depressus* Eichwald sp.; Fig. 7a Oberflächensculptur von der Seite, Fig. 7b Oberflächensculptur der Bauchseite zweimal vergrössert. Odinsholm . . . . . pag. 14 [152]
" 8. *Trocholites hospes* Remelé sp.; Fig. 8a Seitenansicht, Fig. 8b Querschnitt. Geschiebe von Memel . . . . pag. 17 [155]
" 9. *Trocholites hospes* Remelé sp.; Fig. 9a Seitenansicht, Fig. 9b Querschnitt, Fig. 9c Oberflächensculptur zweimal vergrössert. Geschiebe vom Nassen Garten bei Königsberg i. Pr. . . . . pag. 18 [156]

Das Original zu der Figur 1 befindet sich im mineralogischen Museum der Universität zu Königsberg i. Pr., das zu Figur 7 im Museum für Naturkunde zu Berlin. Die Originale zu den Figuren 2, 3, 8, 9 befinden sich im Provinzial-Museum zu Königsberg i. Pr., die zu den Figuren 4, 5, 6 im Museum der Akademie der Wissenschaften zu St. Petersburg.

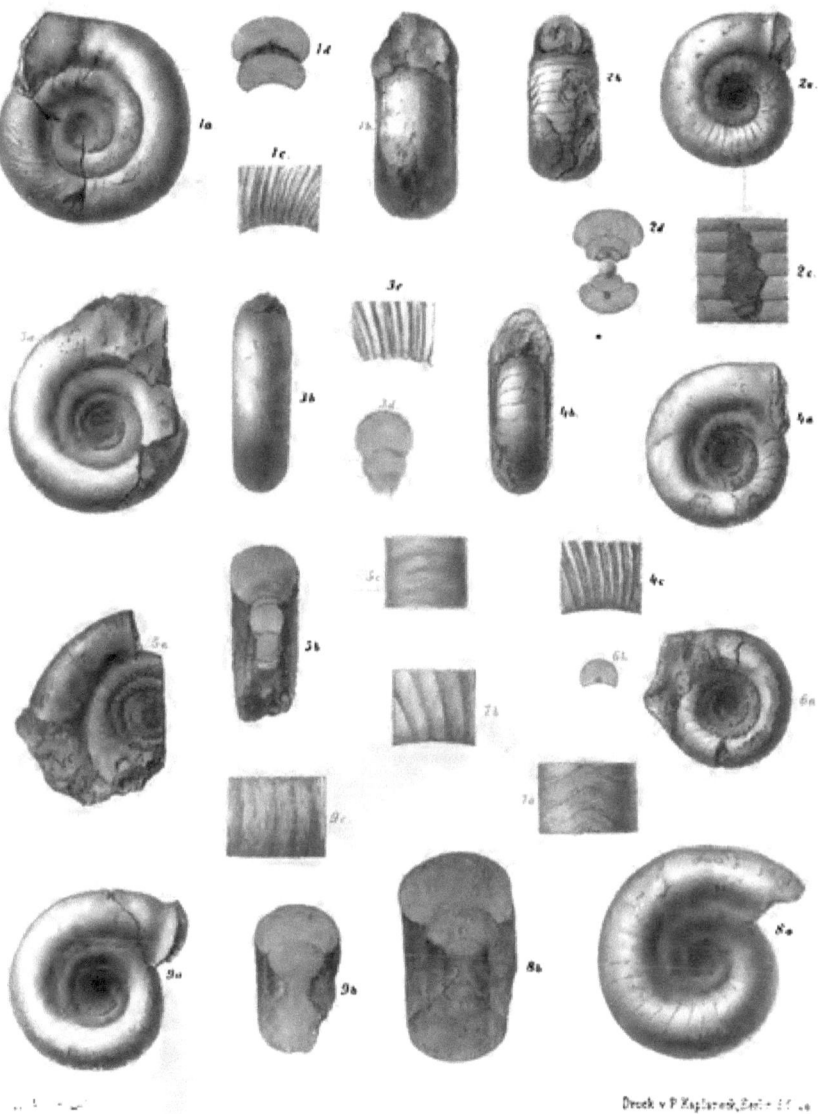

Palaeontologische Abhandlungen
herausgegeben von W. Dames und E. Kayser
Band V Tafel XXIV.
Verlag von G. Fischer in Jena.

Erklärung der Tafel II [XXV].

Fig. 1. *Trocholites soraviensis* SCHRÖDER; Fig. 1a Seitenansicht, Fig. 1b Querschnitt, Fig. 1c Oberflächensculptur zweimal vergrössert. Geschiebe von Sorau . . . . pag. 16 [154]
„ 2—4. *Trocholites incongruus* EICHWALD sp.; Fig. 2a Seitenansicht, Fig. 2b Oberflächensculptur vergrössert, Fig. 3 Seitenansicht, Fig. 4 Querschnitt. Odinsholm . . . pag. 15 [153]
„ 5. *Estonioceras ariense* SCHMIDT sp.; Fig. 5a Seitenansicht, Fig. 5b Querschnitt der Wohnkammer, Fig. 5c Querschnitt der Windungen. Ari . . . . pag. 36 [174]

Das Original zu Figur 1 befindet sich in der Sammlung der Kgl. geologischen Landesanstalt zu Berlin. Die Originale zu den Figuren 2, 3, 4 gehören dem Museum der Akademie der Wissenschaften zu St. Petersburg; das Original zu Figur 5 gehört dem Museum zu Reval.

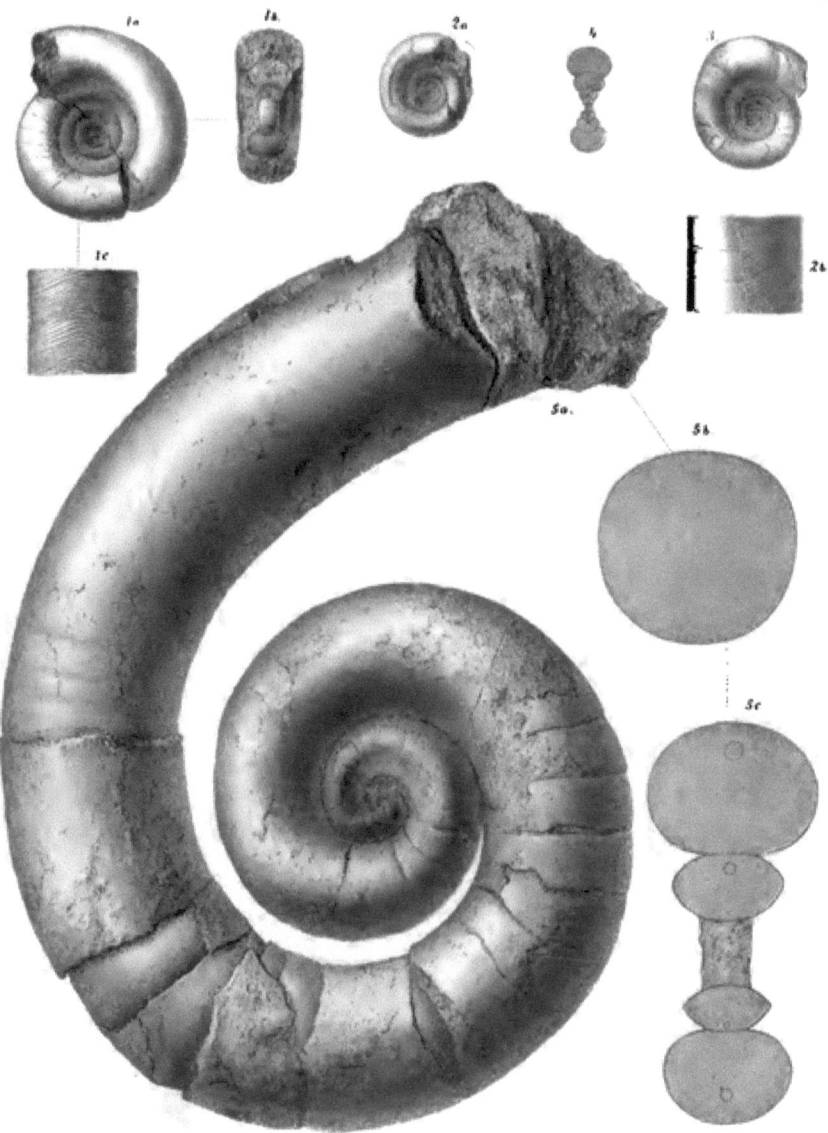

Palaeontologische Abhandlungen
herausgegeben von W. Dames und E. Kayser
Band V. Tafel XIV
Verlag von G. Fischer in Jena

Erklärung der Tafel III [XXVI].

Fig. 1. *Estonioceras perforatum* Schröder; Fig. 1a Seitenansicht, **Fig. 1b** Vorderansicht, Fig. 1c Querschnitt der Wohnkammer. Reval . . . . pag. 30 [168]

2. *Estonioceras imperfectum* Quenstedt sp.; **Fig.** 2a Seitenansicht, Fig. 2b Vorderansicht. Reval . . . . pag. 37 [175]

Die Originale befinden sich im Museum **zu Reval.**

Palaeontologische Abhandlungen
herausgegeben von W. Dames und E. Kayser
Band V Tafel XXVI
Verlag von G. Fischer in Jena

Erklärung der Tafel IV [XXVII].

Fig. 1. *Estonioceras perforatum* SCHRÖDER; Fig. 1a Querschnitt der Windungen des Taf. III [XXVI], Fig. 1 abgebildeten Stückes, Fig. 1b Oberflächensculptur, Fig. 1c Sculptur der inneren Schalschicht zweimal vergrössert. Reval . . . . pag. 30 [168]

„ 2—5. *Estonioceras imperfectum* QUENSTEDT sp.; Fig. 2a Querschnitt der Windungen des Taf. III [XXVI], Fig. 2 abgebildeten Stückes, Fig. 3 Querschnitt der Windungen eines anderen Individuums, Fig. 4a und b Bauch- und Seitenansicht der inneren Windungen, um die dunkelen Spiralstreifen der Septalschicht zu zeigen, Fig. 5a und b Vorder- und Seitenansicht der innersten Windung. Reval . . . pag. 37 [175]

„ 6. *Planctoceras falcatum* SCHLOTHEIM sp.; Oberflächensculptur zweimal vergrössert. Reval pag. 41 [179]

„ 7. *Estonioceras imperfectum* QUENSTEDT sp.; Medianschnitt. Reval . . . . . . pag. 37 [175]

„ 8. *Trocholites soraviensis* SCHRÖDER; Medianschnitt. Geschiebe von Sorau . . . . pag. 16 [154]

Die Originale zu den Figuren 1—7 befinden sich im Museum zu Reval; dasjenige zu Figur 8 gehört der Sammlung der Kgl. geologischen Landesanstalt zu Berlin.

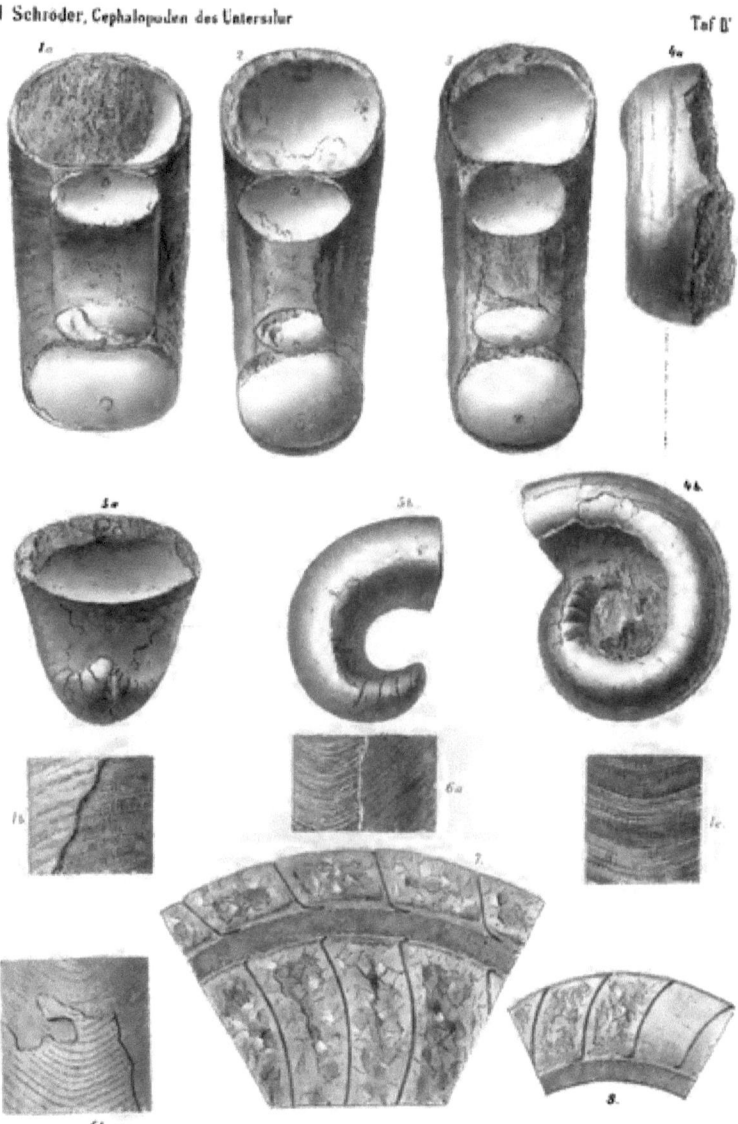

Palaeontologische Abhandlungen
herausgegeben von W. Dames und E. Kayser
Band V. Tafel XXVII.
Verlag von G. Fischer in Jena

Erklärung der Tafel V [XXVIII].

Fig. 1. *Estonioceras heros* Remelé sp.; Fig. 1a Seitenansicht, Fig. 1b Querschnitt der Windungen, Fig. 1c **Rückenansicht** der Wohnkammer, Fig. 1d **Querschnitt** der Wohnkammer . . . . . pag. 34 [172]

„ 2. *Trocholites Damesi* Schröder; Fig. 2a Seitenansicht, Fig. 2b Querschnitt, Fig. 2c Oberflächensculptur **zweimal** vergrössert, Fig. 2d Oberflächensculptur stark vergrössert. Geschiebe von Schwedt a. O. . . . . pag. 20 [158]

Das Original zu Figur 1 befindet sich im Museum zu Reval, das zu Figur 2 im Museum für Naturkunde in Berlin.

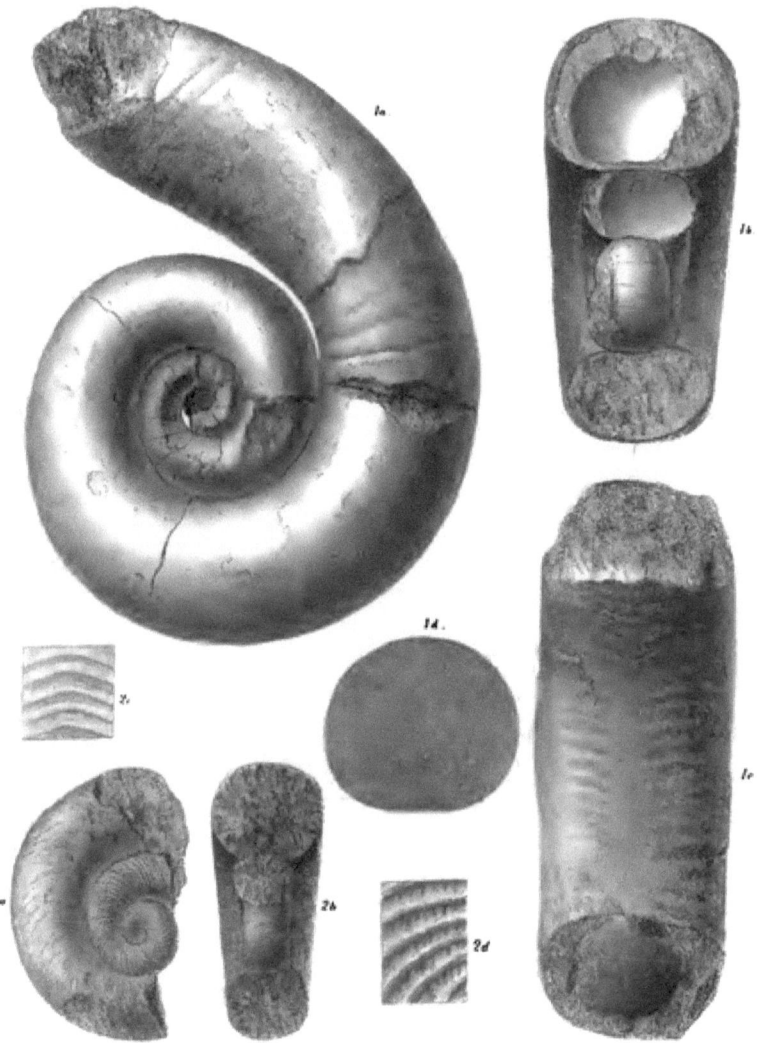

Palaeontologische Abhandlungen
herausgegeben von W. Dames und E. Kayser.
Band V. Tafel XXVIII.
Verlag von G. Fischer in Jena

Erklärung der Tafel VI [XXIX].

Fig. 1—2. *Planctoceras falcatum* Schlotheim sp.; Fig. 1a Seitenansicht, Fig. 1b Querschnitt der Wohnkammer, Fig. 1c Querschnitt, Fig. 2 Seitenansicht eines anderen Individuums, Fig. 2a—e Querschnitte. Reval . . . . pag. 41 [179]

Die Originale befinden sich im Museum zu Reval.

Frommannsche Buchdruckerei (Hermann Pohle) in Jena. — 867

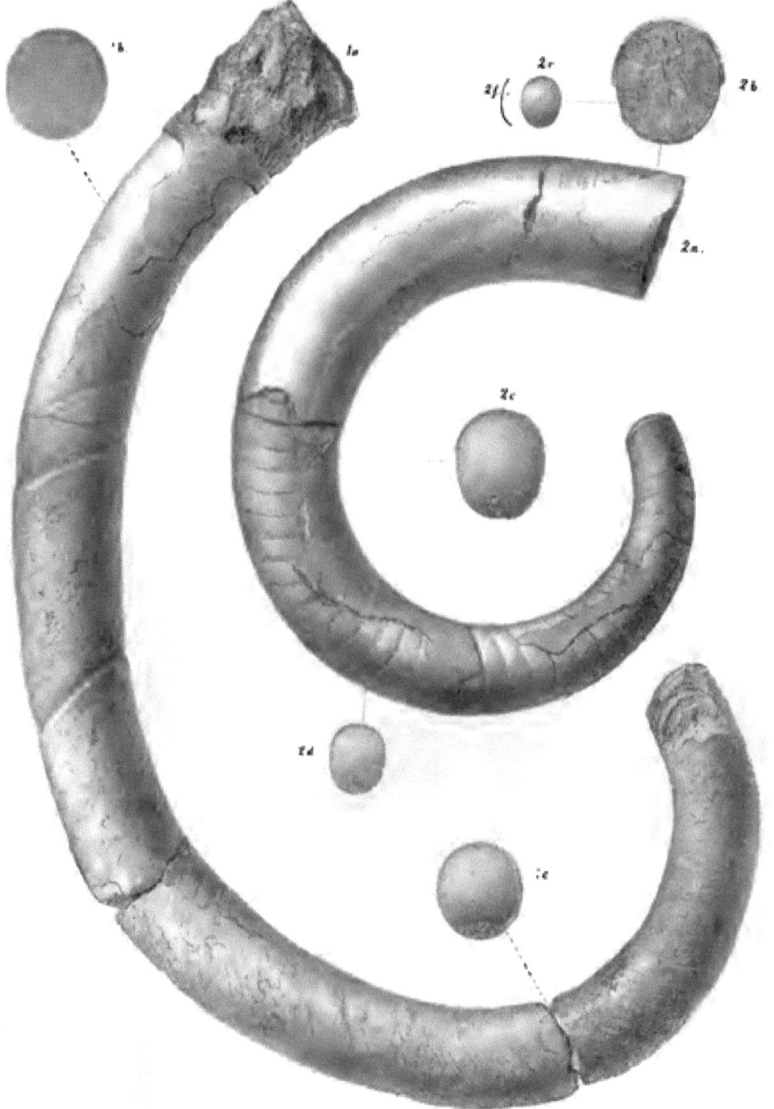

Palaeontologische Abhandlungen
herausgegeben von W. Dames und E. Kayser
Band V, Tafel XIX
Verlag von G. Fischer in Jena